lonely planet

SÉVILLE

EN QUELQUES JOURS

MARGOT MOLINA

Sommaire

Préparer son séjour 4

Plaza de España (p. 103)
LUCVI SHUTTERSTOCK©

Explorer Séville 39

Carnet pratique 129

Coups de projecteur

AVERTISSEMENT

Au moment où nous terminions l'édition de ce guide, la pandémie de Covid-19 impactait fortement le monde du voyage. Les informations que vous trouverez dans cet ouvrage sont donc susceptibles de changements.

Renseignez-vous bien avant votre départ car la situation aura probablement évolué quand vous préparerez votre voyage.

Bienvenue à Séville

“Qui n’a jamais vu Séville n’a jamais vu de merveille !”, proclame un célèbre dicton espagnol. En effet, la ville ne manque pas d’atouts pour séduire, envoûter même, ses visiteurs. Ses monuments, telle l’imposante cathédrale gothique, épicentre de l’un des quartiers historiques les plus étendus d’Europe, constituent une toile de fond idyllique pour cette ville qui éclot au printemps et voit ses rues s’animer comme nulle autre en été.

La Torre del Oro sur la rive du Guadalquivir.
MARQUES/SHUTTERSTOCK ©

Les incontournables

Cathédrale

L'une des merveilles de la chrétienté, édifiée au XVe siècle. **p. 42**

Alcázar

Des palais et un jardin somptueux conçus sous différents règnes. **p. 46**

Museo de Bellas Artes

Cet ancien couvent préserve les plus belles pièces de l'art baroque espagnol. **p. 50**

Monasterio de la Cartuja

L'édifice accueille le Centro Andaluz de Arte Contemporáneo. **p. 115**

Se restaurer

Dans une conception méditerranéenne de la cuisine, huile d'olive – l'Espagne est le premier producteur mondial –, tomates, ail et oignon sont les ingrédients de base des plats sévillans. Les Maures ont introduit la culture du riz, des agrumes et ont apporté des épices puissantes comme la cannelle, la noix de muscade, la coriandre et le safran. Poisson et fruits de mer, soupes froides rafraîchissantes, viandes et charcuterie sont les piliers d'une cuisine authentique que l'on déguste toujours dans une ambiance chaleureuse.

Saveurs iodées

Des ports andalous débarquent toutes sortes de délices, comme les *langostinos* de Sanlúcar de Barrameda (Cadix), la *gamba blanca* de Huelva ou ses coquillages, couteaux et *coquinas* (palourdes) notamment. Il ne faut pas oublier les poissons (thon, lotte, mérou...) préparés de diverses façons,notamment en *guisos* (plats en sauce), aux oignons, à la marinière, à la tomate, etc. Nombreux sont les chefs qui proposent aussi du poisson frit, mais seuls quelques-uns maîtrisent cet art à la perfection.

100% ibérique

Rolls des jambons, le Jabugo, dont l'appellation est strictement protégée, est une star de la table andalouse, mais les charcuteries à base de porc *ibérico* et les découpes de viande comme le *secreto* ou la *carrillera* (arrosée de xérès) ne sont pas en reste. Le gibier (cervidés, sanglier, perdrix...) figure aussi parfois au menu, de même que les plats à base de queue de taureau.

En direct du potager

Le très célèbre gaspacho andalou se voit décliné de nombreuses façons et trouve une bonne place dans tous les menus dès les premières chaleurs. À base de base de tomates, de poivrons et d'huile d'olive, la recette paysanne d'autrefois est souvent réinventée de façon particulièrement élaborée.

Cuisine andalouse

Eslava Cette institution met l'accent sur la qualité des produits et n'a jamais renoncé à l'innovation. (p. 80)

Casa Robles La cuisine sévillane traditionnelle dans toute sa splendeur. L'endroit idéal pour goûter l'*arroz caldoso* à la queue de taureau. (photo ; p. 59)

Casa Manolo León Les saveur du terroir dans l'ambiance romantique d'un grand patio andalou. (p. 81)

GONZALO AZUMENDI ©

Salade de crevettes, avocat et mangue au restaurant Casa Robles.

"Gastrobars"

La Azotea Ses tapas originales et élaborées avec soin assurent à ses quatre salles d'être toujours pleines. (p. 80)

Tradevo Les produits bio et de saison sont la base de sa cuisine créative servie dans ses trois établissements. (p. 108)

Bache San Pedro Petites portions, grande cuisine. Ici, les produits de la mer et de la sierra de Cádiz sont à l'honneur. (p. 80)

Torres y García Cuisine rustique dans un cadre au design moderne ; un établissement du groupe Ovejas Negras. (p. 60)

Zelai Un espace chic et les dernières techniques culinaires. (p. 61)

Puratasca L'un des premiers "gastrobars" de la ville. Les clients peuvent voir la cuisine. (p. 96)

Cuisine de chef

Abantal Une cuisine inventive, dans le respect du produit. Le seul restaurant de Séville à être étoilé. (p. 62)

Tribeca Innovation à partir de produits de saison et adhésion au mouvement Slow Food. (p. 62)

Sobretablas La nouvelle adresse des gourmets, où le service est à la hauteur de la créativité des plats. (p. 107)

Cañabota Un incontournable pour les amateurs de poisson et fruits de mer. (p. 60)

Question de cadre

El Duende Depuis le 34e étage de la Torre Sevilla, la vue s'étend sur la quasi-totalité de la ville. (p. 124)

Abades Triana Une vue imprenable sur le Guadalquivir et la Torre del Oro. (p. 93)

San Marco Santa Cruz Cuisine italienne à l'intérieur d'un ancien hammam du XIIe siècle. (p. 62)

María Trifulca Cuisine sévillane remise au goût du jour dans l'ancienne gare fluviale assurant la liaison Séville-Sanlúcar – avec vue panoramique sur le fleuve. (p. 96)

Marchés et boutiques

Les marchés ont toujours fait partie intégrante du quotidien sévillan. Menacés par les grandes surfaces, ils ont connu des heures sombres dans les années 1980 et 1990, mais les priorités des consommateurs d'aujourd'hui, plus responsables et soucieux de l'environnement, leur ont heureusement redonné une nouvelle vie.

Art et antiquités

Séville est célèbre pour son artisanat. Ses céramiques étaient déjà connues du temps des Romains. Les célèbres châles de Manille brodés à la main, les éventails et les pièces d'orfèvrerie sont également très prisés. Vous trouverez plusieurs bonnes boutiques d'antiquités en ville. Le jeudi, le marché d'El Jueves (p. 75) mêle pièces exceptionnelles et babioles. Sachez faire la distinction.

À boire et à manger

On trouve encore, dans le centre, des épiceries traditionnelles, qui recèlent des merveilles en conserves, des charcuteries de toutes sortes, sans oublier les fromages, venus des coins les plus reculés du pays. La pâtisserie occupe une place particulière à Séville. Outre les délices de La Campana (p. 67), il faut citer les sucreries produites par certains couvents, comme les *yemas* de San Leandro ou les confitures de Santa Paula, qu'il est aussi possible d'acheter à **El Torno** (☎954 219 190 ; plaza del Cabildo ; dulceseltorno.com ; ⌚10h30-19h lun-dim, 10h-14h lun-dim juil-août). En décembre, sur le Puente de la Inmaculada, dans le centre, a lieu une foire aux douceurs conventuelles – il y en a pour tous les goûts.

Marchés alimentaires

Mercado de Feria Occupant un bâtiment du début du XVIIIe siècle, c'est celui qui a le plus conservé sa structure originale. Au milieu des bars, ce marché animé accueille quelques étals de jeunes entrepreneurs. (p. 75)

Mercado de Triana Entre ses stands de fruits et légumes, poisson, viande, fleurs, etc., et ses bars très fréquentés, s'élèvent les ruines de l'ancien Castillo de San Jorge. (photo ; p. 89)

Mercado de la Encarnación Caché sous la structure du Metropol Parasol, ce marché alterne des stands de nourriture, des bars et quelques stands d'artisanat. (p. 78)

Mercado del Arenal (calle Pastor y Landero ; ⌚9h-15h et 17h30-20h30 lun-ven, 9h-15h sam). Cet édifice (1947) dû à Juan Talavera y Heredia est proche de la Plaza de la Maestranza,

ANIBAL TREJO/SHUTTERSTOCK ©

Mercado de Triana.

d'où proviennent les queues de taureau. On y trouve un restaurant et des bars ouverts même lorsque le marché ne l'est pas.

Puces et marchés artisanaux

El Jueves Les vendeurs de ce marché aux puces s'installent le long de la calle Feria. (p. 75)

Paseo de Arte En fin de semaine, la promenade Nuestra Señora de la O se transforme en un grand marché d'art et d'artisanat. (p. 89)

Mercado del Postigo (☎954 560 013 ; calle Arfe ; ⏰10h-19h tlj juin-sept, 10h-20h tlj oct-mai ; 🚌C3, C4, 22, 26 et 25, Ⓜ Puerta de Jerez). Céramiques, verres, émaux, cuirs... toujours faits à la main, par une association d'artisans répartis sur une vingtaine de stands.

Mercado del Museo (plaza del Museo de Sevilla ; ⏰9h-15h). Peintures, sculptures, dessins et gravures sur la place du Museo de Bellas Artes, le dimanche matin.

Zoco de Libros (⏰11h-18h30). Le deuxième samedi du mois, l'Alameda de Hércules accueille un petit "souk"du livre.

Boutiques

Artesanía Textil Des châles aux motifs d'antan, brodés à la main dans cette maison depuis plus de 70 ans. (p. 67)

Caótica Une grande librairie où l'on peut aussi prendre un café et participer à un débat. (p. 67)

Estraperlo Outre des aliments bio et des plats cuisinés, on y trouve aussi des ateliers de cuisine. (p. 109)

Pan con Tomate Accessoires amusants et mode décontractée, pour tous les budgets. (p. 85)

A. González Des azulejos peints à la main avec de très beaux motifs ; réalisation de dessins personnalisés sur commande. (p. 99).

Tapas

À Séville comme dans le reste de l'Espagne, tapear (prendre l'apéro, sortir pour manger des tapas,) est un rituel qui fait partie de l'art de vivre. Aujourd'hui, la cuisine espagnole ne peut s'envisager sans ces petits préambules culinaires . Plats en sauce, marinades, salades : tout ce qui se mange semble pouvoir se transformer en tapas.

La vérité sur les tapas

On déguste ces amuse-gueules debout, au comptoir ou dans la rue. Manger des tapas revient moins cher que d'aller dîner au restaurant. Les Sévillans ont l'habitude de passer d'un bar à l'autre (*peregrinar*, pour reprendre l'expression locale), mais cela n'a rien d'obligatoire. Et pour ne pas vous tromper, sachez que les meilleures tapas d'un établissement sont toujours les plus demandées.

Culture tapas

S'il y a bien une chose qui surprend le visiteur à Séville, c'est de constater à quel point les gens profitent de la rue et sortent le soir, même les jours de semaine, emplissant les terrasses des bars. Les tapas auraient été inventées par des tenanciers de cafés qui posaient une soucoupe contenant un morceau de pain sur les verres de xérès, afin d'éloigner les mouches ou d'éviter que leurs clients boivent le ventre vide. Quant au mot *tapa* (qui signifie "couvercle"), il se serait répandu dans le langage courant au début du XXe siècle.

Tapas classiques

Casa Robles Bon choix de produits, notamment les poissons et les produits ibériques, dans ce grand classique de la restauration. (p. 59)

Las Golondrinas Les clients adorent l'*aliño de alcachofas con tomate* (artichauts à la tomate) ou les *puntas de solomillo* (médaillons de filet). (p. 95)

Blanca Paloma Les tapas traditionnelles. On apprécie surtout celles à base de porc ibérique, les *aliños* et la *ensaladilla*. (p. 97)

Casa Morales Ce lieu a très peu changé depuis son ouverture en 1850 et propose un savoureux *montaíto de pringá* (à base de viande de *cocido*), ainsi que du *bacalao con salmorejo* (morue sur crème de pain à l'ail et à la tomate). (photo ; p. 62)

Casa Román Une des adresses où l'on découpe le mieux le *jamón ibérico*. (p. 63)

GONZALO AZUMENDI ©

Casa Morales.

Casa Cuesta Poisson frit, *menudo* (tripes), *espinacas con garbanzos* (épinards aux pois chiches)... une cuisine sévillane dans le plus pur style. (p. 96)

Bodega Vargas Outre ses tapas, fritures et *cuchareos* (plats en sauce), ce bar est une vitrine de la Triana la plus populaire. (p. 89)

La Azotea Ces quatre établissements sont parmi les plus courus de Séville. (p. 80)

Bache San Pedro De la grande cuisine en petites portions. (p. 80)

El Aljibe Des propositions inventives, dont des saveurs latino-américaines, à déguster en terrasse. (p. 81)

Ignacio Vidal Grand choix de tapas créatives. (p. 109)

Tapas de chef

Eslava Maintes fois gagnant du concours Sevilla en Boca de Todos, avec des créations comme l'œuf cuit à basse température sur un biscuit au cèpe et à la truffe. (p. 80)

La Barra del Cañabota Des propositions culinaires assez originales, mettant poisson et fruits de mer à l'honneur. (p. 60)

Conseils

- Trois ou quatre tapas devraient suffire à assouvir votre faim.
- La plupart des restaurants proposent aussi des tapas au bar et en terrasse.
- Les tapas ne sont pas incluses dans le prix de la bolsson. Seuls quelques établissements offrent des olives ou des fruits secs.

Architecture

Séville a connu son âge d'or entre la fin du XVIe et le début du XVIIIe siècle. L'art et l'architecture fleurirent grâce à l'or importé de ce que l'on croyait alors être les Indes, faisant d'elle l'une des plus puissantes cités du monde. La Renaissance et surtout le baroque, mais aussi son passé arabe et mudéjar, marquèrent à jamais sa physionomie.

ANTON-IVANOV/ SHUTTERSTOCK ©
Palacio de San Tel

Almohade et mudéjar

Entre 712 et 1248, les Maures ont changé l'aspect de Séville en érigeant des fortifications et d'importantes œuvres d'architecture civile et religieuse, dont plusieurs beaux exemples sont parvenus jusqu'à nous. En reprenant la ville, les chrétiens donnèrent naissance au style mudéjar, synthèse des matières et techniques hispano-musulmanes et des formes romanes et gothiques apportées par les Castillans.

Du gothique à la Renaissance

L'apogée du gothique à Séville est incarné par la cathédrale, où prédomine ce style, marqué par de grandes ouvertures, des coupoles élevées et un traitement particulier de la lumière, qui baigne l'intérieur, par opposition à l'obscurité qui prévalait dans les églises romanes. Charles Quint se maria à Séville en 1526, et introduisit les premières œuvres Renaissance en ville, comme l'Ayuntamiento.

Le triomphe du baroque

Le baroque est sans doute le style le plus représenté à Séville, comme en témoignent les magnifiques exemples que sont l'église San Luis de los Franceses ou le Palacio de San Telmo (photo), qui accueille actuellement la présidence de la Junta de Andalucía. L'*horror vacui* ("horreur du vide") si caractéristique de ce style se retrouve dans de nombreuses manifestations urbaines, notamment d'ordre religieux.

Vue de la façade du Palacio de los Marqueses de la Algaba.

Architecture almohade et mudéjare

La Giralda Cet ancien minaret est le plus bel exemple d'architecture almohade du XIIe siècle de la ville. (p. 45)

Torre del Oro Un autre exemple, défensif et du XIIIe siècle, du savoir-faire almohade. (p. 105)

Alcázar Ce palais (XIVe siècle) est le chef-d'œuvre du mudéjar à Séville. (p. 46)

Reales Atarazanas Un édifice du XIIIe siècle, synthèse des styles mudéjar et gothique. (p. 58)

Espacio Santa Clara L'infant don Fadrique éleva ici son palais (XIIIe siècle), dont il ne reste que la tour, de style romano-gothique. Au XVIe siècle, le bâtiment fut transformé en couvent Renaissance. (p.77)

Palacio de los Marqueses de la Algaba Un ensemble de maisons mudéjares des XVe-XVIe siècles reconverties depuis en palais. (p. 75)

Gothique et Renaissance

Cathédrale Le joyau du gothique espagnol, même si sa construction très étalée dans le temps, aux XVe-XVIe siècles, lui apporta des éléments Renaissance et baroque. (p. 42)

Ayuntamiento Un exemple du style plateresque du XVIe siècle apparu en Espagne à la transition du gothique et de la Renaissance. (p. 58)

Monasterio de Santa María de las Cuevas Une addition de styles : de l'église gothique du XVe siècle à la partie monacale, Renaissance, et à la Capilla de Afuera, baroque. (p. 118)

Archivo General de Indias Érigé au XVIe siècle comme Casa Lonja de Mercaderes, il représente l'architecture Renaissance de Juan de Herrera. (p. 58)

Casa de Pilatos Un palais mudéjar adapté au goût de la Renaissance au XVIe siècle. (p. 56)

Palacio de Las Dueñas Propriété de la Casa de Alba, cet ensemble érigé au XVe siècle présente des vestiges de son style gothico-mudéjar d'origine mais offre un aspect Renaissance. (p. 77)

Convento de la Merced Calzada (Museo de Bellas Artes) Œuvre de Juan de Oviedo du début du XVIIe siècle, illustre le maniérisme andalou. (p. 50)

Real Fábrica de Tabacos Un énorme édifice industriel réalisé au XVIIIe siècle, néo-Renaissance avec des ajouts baroques. (p. 105)

Baroque

Palacio de San Telmo Un exemple d'architecture civile signé par la famille Figueroa, qui se remarque par sa façade churrigueresque. (p. 105)

San Luis de los Franceses Chef-d'œuvre de Leonardo de Figueroa, du début du XVIIIe siècle, avec une façade en pierre et brique évoquant un retable. (p. 78)

Iglesia del Salvador Un autre exemple du savoir-faire de Leonardo de Figueroa et de la majesté de ses œuvres, des XVIIe-XVIIIe siècles. (p. 56)

Real iglesia de Santa Ana Élevée au XIVe siècle dans un style gothique-mudéjar, elle affiche aujourd'hui surtout un style baroque après avoir subi deux séismes. (p. 91)

Hospital de la Caridad Les idéaux de Miguel de Mañara traduits en iconographie baroque ont inspiré le style de cette église et le reste de cet ensemble du XVIIe siècle. (p. 58 ; photo)

Hospital de la Caridad.

Hospital de los Venerables Un ensemble baroque signé par Leonardo de Figueroa à la fin du XVIIe siècle. (p. 56)

Plaza de la Real Maestranza de Caballería La construction a débuté à la fin du XVIIIe siècle et a duré plus d'un siècle, mais l'ensemble est resté fidèle à l'esthétique baroque. (p. 66)

Faire revivre le passé

Pour découvrir certains monuments en vous amusant, faites appel à **Engranajes Culturales** (☎954 043 851 ; calle Habana 17, Casa de la Moneda ; engranajesculturales.com), une entreprise créée par des historiens de l'art qui ressuscitent les anciens hôtes des lieux pour qu'ils servent de guides aux visiteurs. Parmi les visites proposées : le Museo de Bellas Artes, un parcours autour des endroits fréquentés par Magellan, guidé par le navigateur lui-même (jusqu'en septembre 2022 ; 12 €) et la visite du cimetière de San Fernando, accompagné de don Juan Tenorio en personne (ven-dim nov). Ces parcours théâtralisés – comprenant parfois des visites nocturnes ou des sorties sur les toits des édifices – sont proposés à l'Hospital de la Caridad, à la Casa de Pilatos, au Palacio de las Dueñas, à l'Iglesia del Salvador, à l'Hospital de los Venerables, à San Luis de los Franceses, à la Casa de los Pinelo, au Palacio de la Condesa de Lebrija....

Belles vues

Séville étant une ville plate, il faut grimper à des belvédères pour jouir d'une belle vue. La plus célèbre est celle de la Giralda, mais ce n'est pas la seule. Pour bénéficier d'un superbe panorama sur le fleuve durant votre visite du Centro, ne manquez pas de monter à la Torre del Oro. Mais vous découvrirez peut-être que le plus merveilleux est d'admirer la vue un verre à la main depuis les terrasses des hôtels de la ville.

FABIO MANCINO PHOTOGRAPHY / SHUTTERSTOCK ©

Vue depuis la Torre del Oro.

D'en haut

Giralda Cette tour de 96 m offre une vue imprenable grâce à son emplacement, en plein centre. (p. 45)

Toits de la cathédrale Le parcours dévoile une perspective inédite.

Torre del Oro Du haut de cette tour, le regard porte sur les deux rives du fleuve. (p. 105 ; photo)

Metropol Parasol Une vue spectaculaire depuis le sommet de ces structures insolites. (p. 78)

Torre de los Perdigones Le quartier de la Macarena, à travers une chambre noire. (p. 79)

Torre Schindler Depuis cette tour de 65 m, le fleuve et la Cartuja dévoilent toute leur ampleur.

Torre Sevilla Ce gratte-ciel de 40 étages, conçu par César Pelli, est l'édifice le plus haut d'Andalousie (180,5 m). Son mirador offre un panorama sur la quasi-totalité de la ville (calle Gonzalo Jiménez de Quesada 2 ; torre-sevilla.com ; mirador tarif plein/-12 ans 8/6 € ; 11h-19h lun-dim). (p. 123)

Devant un verre

Hotel EME Catedral Des escaliers et des passerelles relient plusieurs terrasses d'où l'on a l'impression de pouvoir toucher la cathédrale. (p. 131)

Hotel Inglaterra Son toit donne sur la plaza Nueva et la cathédrale. (p. 131)

Terraza Kivir Ouverte en 2019 dans l'hôtel du même nom, cette terrasse domine le Puente de Triana (954 591 343 ; Paseo de Cristóbal Colón 3 ; 12h30-2h mar-sam, 12h30-1h lun et dim).

Terraza Fulton Un lieu intime au sein de l'hôtel Palacio Alcázar (954 502 190 ; plaza de la Alianza 11 ; 8h-minuit lun-dim), donnant sur le Patio de Banderas et le Real Alcázar.

Hotel Doña María La plus ancienne des terrasses de Séville, où se laisser séduire par la lumière du soir. (p. 131)

Terraza El Mirador Appréciez un verre ou un dîner sur le toit-terrasse de l'hôtel Vincci La Rábida. (p. 131)

Parcs et jardins

Le Parque de María Luisa est le poumon vert de la ville ; émaillé d'édifices imposants, c'est le plus spectaculaire de tous ses espaces de plein air. Mais Séville possède d'autres havres de paix dans lesquels la végétation triomphe, des jardins historiques de l'Alcázar à la grande étendue de forêt méditerranéenne du Parque del Alamillo.

MONYSASU/SHUTTERSTOCK ©

Parque de María Luisa.

Parcs et jardins insulaires

L'Isla de la Cartuja est devenue une grande réserve naturelle depuis sa transformation complète pour l'Exposition universelle de 1992. Outre l'immense Parque del Alamillo, lieu idéal pour un pique-nique, une promenade ou des cérémonies, on y trouve les peu connus Jardines del Guadalquivir, un grand espace dans lequel se côtoient nature et œuvres d'art contemporain. Sans quitter les lieux, le visiteur peut imaginer l'austérité de la vie sur l'île dans le potager (*huerto*) du monasterio de Santa María de las Cuevas (la Cartuja).

La "plage" de Séville

Les Sévillans l'appellent "río Guadalquivir", mais il s'agit en réalité d'un bassin (darse) dont l'eau s'écoule de l'ancien cours du fleuve et qui est bouché au nord par la corta de la Cartuja. Aujourd'hui, les rives de ces eaux domestiquées sont devenues des lieux de loisirs : une sorte de plage où il est interdit de se baigner, mais où il est possible de pêcher, naviguer ou, sur terre, courir, faire du vélo ou du skate-board... La promenade, qui s'étire entre le Muelle de las Delicias et le Parque de San Jerónimo, est dominée par l'énorme sculpture *El Nacimiento del hombre nuevo* (*La Naissance de l'homme nouveau*), de l'artiste russe Zurab Tsereteli, que tout le monde a surnommée "*L'Œuf de Colomb*".

Galerie des Grotesques et jardins de l'Alcázar.

Parcs et jardins

Parque de María Luisa Le parc public favori du plus grand nombre : familles, couples d'amoureux, Sévillans et étrangers confondus. (p. 102)

Jardins de l'Alcázar Une esthétique sophistiquée qui renferme des siècles d'histoire, notamment celle de l'horticulture. (p. 46)

Jardín del palacio de San Telmo Une réplique moderne du jardin qui existait au XIXe siècle. À découvrir pendant une visite guidée. (p. 105)

Huerto del monasterio de la Cartuja Savant mélange entre l'ornementation et le domestique qui conserve diverses réussites architecturales. (p. 118)

Jardín Americano
Aux plantes et aux arbres exotiques provenant d'Amériqueu s'ajoute le charme d'une passerelle sur l'eau, parallèle à la rive du fleuve. (p. 124)

Jardines del Guadalquivir
Au milieu de la verdure se cachent des sculptures d'art contemporain spécialement créées pour ces jardins en 1992. (p. 124)

Parque del Alamillo
Quelque 60 ha vous permettent de vous sentir en pleine nature alors que vous n'êtes qu'à un jet de pierre de la ville. (p. 124)

Conseils

- Pensez à louer un vélo Sevici (p. 133) pour longer le fleuve.
- Les bateaux de Cruceros Torre del Oro (p. 110) naviguent entre le Puente del V Centenario et le Puente de Triana (crucerosensevilla.com), mais offrent aussi d'autres itinéraires, dont des parcours sur mesure.

Musées

L'art baroque est le point fort de Séville. Mais la ville a une histoire riche et elle a commencé à dépoussiérer son patrimoine en créant de nouveaux lieux, comme l'Antiquarium, le Centro de Interpretación del Arte Mudéjar et le Castillo de San Jorge, terrible témoignage de son passé obscur de siège de l'Inquisition à partir du XVe siècle.

GONZALO AZUMENDI ©

Sainte Rufine de Diego Velázquez.

Sur les traces de l'histoire

Les civilisations se sont "superposées" à Séville, ce qui explique que toute œuvre exhumée porte les traces des habitants antérieurs. Le riche passé de la ville, des Romains aux Almohades est présenté à l'Antiquarium. Ces vestiges peuvent également être admirés dans des collections privées, comme celle de la comtesse de Lebrija, ou dans le centre municipal dédié à l'art mudéjar. Le Museo de Artes y Costumbres Populares et l'espace dédié à la céramique à Triana traitent de l'histoire plus populaire de Séville.

Du baroque à l'art contemporain

À Séville, le baroque est omniprésent, et l'on peut le voir non seulement dans les œuvres d'art et dans l'architecture, mais aussi dans les traditions bien vivantes de la ville. Par ailleurs, la ville a toujours joué un rôle décisif dans l'histoire de l'art contemporain. C'est ici qu'est né le mouvement abstrait, révolution artistique qui a vu le jour à la fin des années 1960 dans la galerie La Pasarela et, plus tard, la galerie Juana de Aizpuru. Dans les années 1980, la ville a également assisté à l'éclosion de la figuration sévillane.

Voyages dans l'histoire

Museo Arqueológico Superbes œuvres romaines, issues pour l'essentiel d'Itálica, et la réplique du trésor d'El Carambolo. (p. 106)

Antiquarium Pour découvrir in situ comment étaient les luxueuses villas romaines

GONZALO AZUMENDI ©

Patio principal du Palacio de la condesa de Lebrija.

et même des ateliers de salaison. (p. 78)

Palacio de la condesa de Lebrija Pour flâner au milieu des plus belles mosaïques d'Itálica et contempler une superbe collection de pièces archéologiques du XIXe siècle. (p. 57)

Palacio de Las Dueñas Cet ensemble permet de visiter la résidence favorite de la duchesse d'Albe et d'admirer des œuvres de José de Ribera, Annibal Carrache et Sofonisba Anguissola. (p. 77)

Archivo General de Indias Ce lieu conserve les documents qui ont régi les territoires d'outre-mer pendant quatre siècles. Des expositions y sont organisées. (p. 58)

Museo de Artes y Costumbres Populares Vaste musée retraçant le passé le plus récent de la ville à travers ses métiers et ses artisanats. (p. 106)

Museo de la Real Maestranza de Caballería Affiches des spectacles taurins, capes, peintures... tout objet en rapport avec le monde de la tauromachie. (p. 66)

Museo Naval La Torre del Oro retrace, à travers des maquettes, l'histoire de la flotte espagnole à partir de la fondation, à Séville, de la Marina de Castilla, en 1248. (p. 105)

Centro Cerámica Triana L'ancienne manufacture de céramiques de Santa Ana a été rénovée pour illustrer le passé du quartier, spécialisé dans la poterie. (p. 92)

Musées d'art

Museo de Bellas Artes Indispensable pour comprendre le baroque en Espagne. En sus, bonne section de peintures du XIXe siècle. (p. 50)

Museo Catedralicio Vous pourrez y voir les peintures de Pedro de Campaña, de Juan de Roelas et de Murillo.

Centro Andaluz de Arte Contemporáneo Le meilleur de l'art actuel andalou avec de grands noms internationaux. (p. 118)

Centro Velázquez Situé dans l'Hospital de los Venerables, ce centre s'articule autour de *Sainte Rufine* (photo) de Velázquez, et réunit des œuvres de Herrera l'Ancien, Zurbarán, Pacheco et Martínez Montañés. (p. 56)

Avec des enfants

Les Sévillans emmenant leurs enfants partout où ils vont, il est donc courant de les retrouver aux terrasses des bars et des restaurants, y compris la nuit ou dans le tumulte de la Semaine sainte. Heureusement, Séville possède bon nombre d'espaces ouverts où les enfants peuvent évacuer leur trop-plein d'énergie et s'amuser. La ville est en outre sillonnée de pistes cyclables qui permettent de la parcourir en toute sécurité.

Plaisirs fluviaux

Entre les XVIe et XVIIIe siècles, les galions remontaient les 80 km du Guadalquivir, de son embouchure à Sanlúcar de Barrameda, jusqu'au quai de la Sal, tronçon qui est aujourd'hui encore navigable et fait de Séville l'unique port fluvial d'Espagne. En été, les marins en herbe pourront refaire ce parcours lors d'une **croisière** (crucerosensevilla.com ; mai-sept). Si vous n'avez pas assez de temps, vous pourrez tout de même profiter de ses eaux bleues sur diverses embarcations.

Questions pratiques

Certains monuments sont gratuits pour les enfants. Toutefois, la limite d'âge n'est pas la même partout. Mieux vaut présenter une pièce d'identité. Les enfants accompagnés par un adulte bénéficient généralement de réductions. Par exemple, l'Alcázar est gratuit jusqu'à 16 ans, l'Hospital de la Caridad est gratuit jusqu'à 12 ans, de même que les croisières sur le Guadalquivir.

Activités

Isla Mágica Si les parcs d'attractions sont toujours des lieux paradisiaques pour les petits, celui-ci l'est d'autant plus qu'il est rempli de pirates. (p. 126)

Torre de los Perdigones Le jeu de miroirs qui permet de voir l'extérieur depuis une pièce obscure. (p. 79)

Torre del Oro Cette tour faisant partie du système de défense de la ville abrite le Museo Naval qui expose des centaines d'embarcations grandeur nature. (p. 105)

Metropol Parasol Voir la ville depuis les hauteurs, juché sur des "champignons" géants, c'est un peu comme jouer à rapetisser ou grandir telle Alice au pays des merveilles. (p. 78)

Casa de la Ciencia (☎954 232 349 ; casadelaciencia.csic.es ; Av. María Luisa ; entrée générale/planétarium/combinée 3/3/5 €, gratuit -3 ans ; ⏲10h-21h mar-dim, fermé août ; 🚌C1, C2, C4, 5, 28, 29, 30, 31, 34, 37, 38 et 41). Des cétacés, des minéraux et un planétarium qui fascine tous les publics, telles sont les vedettes de ce musée interactif.

Toits de la cathédrale L'imagination s'envole sur les toits de la cathédrale en parcourant cette forêt de pinacles habités par les gargouilles. À partir de 12 ans. (p. 44)

Pabellón de la Navegación Une exposition interactive qui retrace la navigation sur l'Atlantique. Les histoires, basées sur des faits réels, sont narrées comme des contes. (p. 123)

Plaza de España.

Muraille almohade Muraille, douves, créneaux et tours... tout ce qu'il faut pour laisser déborder l'imagination des plus jeunes. (p. 78)

Teatro Alameda Une programmation pour les plus petits dans laquelle entrent tous les genres, jusqu'au flamenco. (p. 85)

Teatro de la Maestranza Le temple de l'art lyrique d'Andalousie propose aussi des opéras et des ballets pour les enfants. (p. 64)

Museo de Artes y Costumbres Populares Se promener devant les reproductions d'ateliers d'artisans donne l'impression d'être devant des maisons de poupées, mais à grande échelle. (p. 106)

En plein air

Parque de María Luisa Calèches, barques pour naviguer sur les canaux de la Plaza de España, tandems, étang avec canards, grands espaces où courir. (p. 102)

Jardín Americano Un bois où se perdre et une passerelle flottante pour rêver d'aventures pleines de rebondissements. (p. 124)

Parque del Alamillo Cet immense parc est idéal pour toutes sortes d'activités, des fêtes d'anniversaire aux premiers mètres à vélo sans petites roues. (p. 124)

Muelle de las Delicias Ici mouillent des reproductions d'embarcations historiques que l'on peut parfois visiter.

Promenade le long du Guadalquivir À pied ou à vélo, la promenade qui longe le fleuve est agréable pour tous les membres de la famille. De nombreuses zones sont bien aménagées.

Alameda de Hércules Ce quartier aux nombreux bars possède aussi deux aires de jeux et deux fontaines au sol qui se transforment, en été, en douche pour les plus audacieux. (p. 75)

Conseils

- Il peut être utile d'habituer les enfants aux horaires sévillans (aller au lit plus tard), surtout en été, quand la chaleur impose un temps de repos au milieu de la journée.
- Les offices du tourisme peuvent vous indiquer l'aire de jeux la plus proche.

Séville gratuit

Séville permet de nombreuses sorties sans bourse délier : musées, visites guidées de monuments, églises et, bien sûr, promenades dans les parcs et les jardins de la ville. En outre, les rues et les places sont souvent le théâtre de spectacles de danse contemporaine ou de la Bienal de Flamenco et de festivals des arts de la scène.

La Capilla de los Marineros.

Les musées les plus intéressants sont gratuits pour les ressortissants de l'Union européenne ; sinon les tarifs sont modiques (1,50 €). Les expositions organisées par l'Ayuntamiento dans ses propres locaux, telles que la **Sala Atín Aya** (955 471 191 ; icas-sevilla.org ; calle Arguijo 4 ; 11h-14h et 17h-20h lun-sam, 11h-14h dim et jours fériés) ou l'Espacio Santa Clara (p. 77), sont également gratuites. C'est aussi le cas des expositions des fondations Valentín de Madariaga (p. 106), Cajasol (p. 59) et Unicaja (p. 106). Renseignez-vous auprès des offices du tourisme pour ne rien manquer du programme. Par ailleurs, le principal spectacle qu'offre la ville, la Semaine sainte, ne coûte pas un centime.

Entrée libre

Parque de María Luisa
Oasis de Séville où se côtoient espaces verts, art et architecture. (p. 102)

Museo de Bellas Artes
Chefs-d'œuvre du baroque. (p. 50)

Museo Arqueológico
Œuvres romaines parmi tant d'autres choses. (p. 106)

Real Fábrica de Tabacos
Une architecture superbe et une histoire riche. (p. 105)

Palacio de San Telmo
Un édifice magnifique et le centre du pouvoir politique andalou. (p. 105)

Archivo General de Indias
Imposant gardien de l'histoire des conquêtes espagnoles. (p. 58)

Museo de Artes y Costumbres Populares
Œuvres et objets qui permettent de rappeler le mode de vie des Sévillans autrefois. (p. 106)

Palacio de los Marqueses de la Algaba Abrite le Centro de Interpretación del Arte Mudéjar. (p. 75)

Castillo de San Jorge
Pour un rappel in situ des horreurs de l'Inquisition. (p. 91)

GONZALO AZUMENDI ©

Intérieur de la Fábrica de Tabacos.

Tres Culturas Toutes sortes d'activités avec la Méditerranée en toile de fond. (p. 124)

Églises et couvents

Espacio Santa Clara
Un couvent transformé en centre culturel qui mérite une visite tant pour l'édifice que pour ce qu'il abrite. (p. 77)

Monasterio de Santa María de las Cuevas
Chaque samedi et les deux dernières heures de chaque jour (19h-21h mar-ven), l'entrée de l'ensemble qui accueille le Centre andalou d'art contemporain (CAAC) est gratuite. (p. 118)

Santa María la Blanca
Elle fut une mosquée et une synagogue avant d'être une église ; la dernière réfection a permis de mettre au jour des éléments de ses vies antérieures. (p. 59)

Basílica de la Macarena
Siège de la Virgen de la Esperanza Macarena (Vierge de l'Espérance Macarena), cette "Belle" que l'on hèle lors des processions. (p. 79)

Capilla de los Marineros
Chapelle qui renferme la fameuse effigie de la Virgen Esperanza de Triana. (p. 91)

Iglesia de Nuestra Señora de la O
Un exemple de siège de l'une des communautés les plus anciennes de Triana. (p. 89)

À savoir

- Les édifices religieux dont l'entrée est payante, comme la cathédrale, El Salvador ou Santa Ana, sont ouverts pour l'office à des horaires précis, mais durant la messe, la visite est très limitée. L'Église s'est engagée à appliquer la loi du patrimoine qui impose d'ouvrir gratuitement ses lieux de culte et autres monuments quatre jours par mois. Consultez les calendriers.

Bars

Lorsqu'un Sévillan visite une ville inconnue, il cherche généralement le bar le plus proche afin d'engager la conversation avec les habitants. Séville ne peut se comprendre sans ses bars, véritables agoras où l'on refait le monde en devisant de tout et de rien.

GONZALO AZUMENDI ©

El Rinconcillo.

Il est difficile de trouver une rue sans bar, et il y en a pour tous les goûts. La coutume veut que l'on passe d'un bar à l'autre, l'esprit nomade des Sévillans faisant qu'ils sont prêts à abandonner sans problème un endroit confortable pour de nouveaux horizons. Certains bars sont véritablement au centre de la vie quotidienne, un lieu de référence pour tout le quartier. La plupart sont ouverts toute la journée, certains très tôt pour le petit-déjeuner. Mais l'heure de pointe reste généralement le midi, entre 13h et 16h, heure à laquelle amis et collègues de travail se réunissent pour le déjeuner, et le soir après la sortie du travail, à partir de 20h. Tous les bars proposent quelque chose à manger pour accompagner les boissons, du simple morceau de fromage aux tapas les plus élaborées.

Bars historiques

El Rinconcillo C'est le plus ancien bar de Séville (1670). Une partie de l'intérieur a été rénovée au début du XXe siècle dans un style Art déco. (p. 82 ; photo)

Las Teresas Un classique du quartier de Santa Cruz, datant de la fin du XIXe siècle. (p. 63)

Cervecería Bar Giralda Un bar installé dans un ancien hammam, mais dont les arcades et les stucs néomudéjars sont du XXe siècle. (p. 43)

Los Claveles Une bodega de 1841 qui a conservé une partie de sa décoration d'origine et domine une place tranquille. (p. 83)

Bodega Siglo XVIII Un palais baroque reconverti en vaste salle où se réfugier lorsque le soleil tape trop fort. (p. 97)

Manolo Cateca Une *taberna* coquette et bien cachée, proposant un vaste choix de vins du Marco de Jerez. (p. 63)

GONZALO AZUMENDI ©

Bar Santa Ana.

a Antigua Bodeguita)es bières bien servies, t toute la plaza del ;alvador à la disposition e la clientèle. (p. 63)

;odega Santa Cruz ;ommunément appelé as Columnas, on y lie onnaissance le long du bar, oujours fréquenté. (p. 47)

3ars de quartier

;asa Palacios Une adresse ttachante ; le bar est relié une épicerie. (p. 109)

;asa Vizcaíno Un bistrot ans prétention, avec une lientèle bigarrée. (p. 75)

;ar Santa Ana Triana l'état pur. Les murs essemblent à des atalogues de la Semaine ainte. (p. 97 ; photo)

Bodega Camacho Une spécialiste des escargots. Sur la plaza Pumarejo, épicentre du quartier de la Macarena. (p. 75)

Bar Altozano de Triana Avec sa terrasse qui domine la calle San Jacinto, c'est l'endroit idéal pour rencontrer des habitants de Triana. (p. 89)

Bar Plata Nombre des visiteurs de la Basílica de la Macarena semblent atterrir dans ce bar. (p. 84)

Dans l'air du temps

Pasos Largos De l'espace, de la lumière et la passion du flamenco. (p. 82)

El Disparate Un lieu aux ambiances multiples, avec des tables sur le trottoir et un toit-terrasse, où l'on sert à manger. (p. 81)

La Entrañable Une *taberna* qui donne une place de choix à l'art contemporain. (p. 98)

Bilindo Pour prendre un verre dans le Parque de María Luisa. (p. 109)

Bars avec vue

María Trifulca Ce bar aux allures de phare surplombe le fleuve. (p. 96)

La Prensa de Triana Un lieu privilégié pour admirer le soleil qui se couche sur l'un des plus beaux quartiers de la ville. (p. 98)

La Albariza Situé au début de la calle Betis, ce bar offre une belle vue sur le fleuve, à savourer un verre de xérès à la main. (p. 98)

Vie nocturne

SALVADOR AZNAR/SHUTTERSTOCK ©

La Giralda

Séville vit la nuit. Le climat doux dont jouit la vallée du Guadalquivir durant la majeure partie de l'année semble pousser les gens à sortir dans la rue. Du jeudi au dimanche, les bars et restaurants affichent régulièrement complet, et la fête continue généralement plus tard, notamment dans les environs de l'Alameda de Hércules, mais aussi dans le centre, où nombre de bars et de terrasses restent ouverts la nuit.

Du côté de l'Alameda de Hércules

Fun Club Un lieu incontournable du pop-rock, où les meilleurs groupes espagnols se produisent. (p. 84)

Corral de Esquivel Les noctambules adorent cette adresse avec vaste terrasse et œuvres d'art à l'intérieur. (p. 83)

Barón Rampante Un spot de référence pour les homosexuels et les *gay-friendly*, avec spectacles le dimanche soir. (p. 83)

Men to Men De bons DJ viennent faire chauffer les platines en fin de semaine dans l'antre des *bears* de la ville. L'établissement est ouvert à tous les gays. (p. 84)

DJ

La Casa del Estanque Bar en plein air dans les Jardines de las Delicias, pour les soirées de printemps et d'été. (p. 109)

Bar Chile Un lieu polyvalent qui, lorsque vient la nuit, se transforme en piste de danse grâce à ses DJ. (p. 110)

Bilindo En été, ce café situé dans le Parque de María Luisa devient un bar très fréquenté. (p. 109)

Kioscos New York y Manhattan Pour danser au bord du fleuve, sur le Muelle de Nueva York, à l'abri d'une grande pergola fleurie. (p. 110)

Flamenco

'ne visite à Séville ne saurait tre complète sans un spectacle 'e flamenco ; si modeste soit otre budget, vous aurez toujours ı possibilité d'assister à une eprésentation de cette danse. Si vous vez la chance de tomber une année aire, vous pourrez assister, en eptembre, à la Bienal de Flamenco 'e Sevilla (labienal.com), le rendez-ous par excellence de la discipline.

Luisa Palicio au Teatro Flamenco Triana.

;pectacles lans les théâtres

eatro Lope de Vega Sa rogrammation fait la part elle au flamenco. (p. 110)

eatro Central Le mardi, énéralement, est proposé : cycle Flamenco viene el Sur, composé de horégraphies novatrices. ɔ. 126)

eatro de la Maestranza es plus grands noms du amenco sont aussi les ienvenus dans ce temple u lyrique. (p. 64)

a Catedral del Flamenco louvelle résidence e Palacio Andaluz, dotée 'une grande scène pouvant ccueillir les 22 artistes u spectacle. (p. 127)

uditorio Rocío Jurado existe des spectacles amencos très populaires, capables de remplir, en certaines occasions, des salles comme celle-ci. (p. 127)

Teatro Flamenco Triana Théâtre (☎611 602 330 ; teatroflamencotriana.com ; calle Pureza 76) associé à la fondation Cristina Heeren, où voir les plus grands artistes de la discipline. (p. 98)

Spectacles dans d'autres salles

La Casa de la Memoria Un endroit qui ne fait jamais défaut : des spectacles ont lieu tous les jours, et l'ambiance est chaleureuse grâce à la proximité entre les danseurs et le public. (p. 64)

Museo del Baile Flamenco Spectacle quotidien, avec entrée au musée comprise ou séparée. Un projet mis en place par la danseuse de flamenco Cristina Hoyos. (☎954 340 311 ; museodelbaileflamenco.com ; calle Manuel Rojas Marcos 3 ; entrée musée/spectacle/combinée 10/22/26 € ; ⏲10h-19h lun-dim ; spectacles 17h, 19h, 20h45 et 22h15).

Lola de los Reyes *Tablao* classique dirigé par la *cantaora* Lola, qui accueille les amateurs de flamenco dans une atmosphère familiale. (p. 98)

La Carbonería Une programmation des plus éclectiques, mais qui fait la part belle au flamenco. (p. 64)

Séville en 4 jours

Jour 1

TRABANTOS/SHUTTERSTOCK ©

Commencez par une visite de la **cathédrale** (photo ; p. 42). N'oubliez pas de grimper au sommet de la **Giralda** (p. 45), l'un des 3 monuments sévillans inscrits au Patrimoine mondial.

La **Casa Robles** (p. 59), est une bonne option pour le déjeuner, à faire précéder d'un apéritif à la **Casa Morales** (p. 62). Installez-vous sur la **Terraza Fulton** (p. 19) sur la plaza de la Alianza, avant de pénétrer dans l'**Alcázar** (p. 46) et ses jardins.

Flânez dans le quartier de Santa Cruz, où vous visiterez l'**Hospital de los Venerables** (p. 56), avec une halte apéritive à la **Casa Román** (p. 63). Quittez l'hypercentre pour le restaurant **Tribeca** (p. 62) ou pour assister à une représentation au **Teatro de la Maestranza** (p. 64).

Jour 2

Sur l'Isla de la Cartuja vous attend le **Monasterio de Santa María de las Cuevas** (p. 118), où contempler l'art andalou actuel. Les amateurs de sensations fortes iront au parc d'attractions **Isla Mágica** (p. 126). Les autres préféreront une promenade romantique au **Jardín Americano** (p. 124).

Pour le déjeuner, **Mechela** (p. 51) se trouve près de votre prochaine étape : le **Museo de Bellas Artes de Sevilla** (photo ; p. 50), auquel vous consacrerez au moins 2 ou 3 heures. Pour prendre un peu l'air, rendez-vous à pied à l'**Alameda de Hércules** (p. 75), un boulevard truffé de bars et de terrasses, telles que celle du **Corral de Esquivel** (p. 83) ou d'**El Aljibe** (p. 81). Le restaurant **Eslava** (p. 80) est l'endroit idéal pour manger des tapas ou dîner.

JOSERPIZARRO/SHUTTERSTOCK ©

La **Casa de Pilatos** (photo ; p. 56) est le meilleur exemple d'architecture Renaissance de la ville, à proximité de l'imposante **Iglesia del Salvador** (p. 56), un chef-d'œuvre baroque. La Plaza del Salvador est l'endroit idéal pour un verre à **La Antigua Bodeguita** (p. 63).

Déjeunez à la **Casa Robles** (p. 59) avant de découvrir l'**Ayuntamiento** (p. 58) lors d'une visite guidée. Les commerces traditionnels de la calle Sierpes, notamment **Artesanía Textil** (p. 67), vous attendent à quelques pas.

Pour finir cette journée intense, dînez au **San Marco Santa Cruz** (p. 62), un authentique hammam reconverti en restaurant, puis allez prendre un verre à l'**Hotel EME** (p. 131), qui jouit d'une vue exceptionnelle.

La **Plaza de España** (p. 103) est un bon point de départ pour une visite du **Parque de María Luisa** (p. 102). Le **Kiosko Abilio** (p. 103) est un lieu authentique où se désaltérer.

Attablez-vous au **Sobretablas** (p. 107) avant de repasser par le parc pour rallier la Plaza de América où se trouve le **Museo Arqueológico** (photo ; p. 106).

Puis, cap sur le quartier de Triana pour découvrir son architecture unique et l'**Iglesia de Santa Ana** (p. 91). Une tournée de ses bars à tapas s'impose, en particulier **Las Golondrinas** (p. 95), **Blanca Paloma** (p. 97) et **Casa Cuesta** (p. 96). Attardez-vous à **La Prensa de Triana** (p. 98), le temps d'un verre, avant de rejoindre **Lola de los Reyes** (p. 98) pour une soirée flamenca.

Les basiques

Pour plus d'informations, voir *Carnet pratique* (p. 129)

Monnaie
Euro (€)

Lanque
Espagnol

Visa
Inutile pour les membres de l'UE et les pays de l'espace Schengen ; non requis pour les Canadiens, pour un séjour de moins de 90 jours.

Argent
DAB courants. La quasi-totalité des établissements accepte les cartes bancaires.

Téléphone portable
Pas de frais d'itinérance pour les voyageurs européens. Les autres voyageurs doivent se renseigner sur les frais d'itinérance.

Heure locale
Heure occidentale (GMT + 1 heure en hiver, + 2 heures en été) : c'est la même heure qu'en France.

Pourboire
1 € par personne suffit dans les restaurants.

Budget quotidien

Moins de 80 €

Chambre double en *hostal* ou *pensión* : 40-60 €.

Formule déjeuner économique.

Sites et musées gratuits.

De 80 à 120 €

Chambre double en hôtel de catégorie moyenne 80-100 € ; consultez les offres sur Internet et réservez.

Restaurants abordables ou tapas.

Plus de 120 €

Chambre double en quatre-étoiles ou plus.

Bons restaurants au déjeuner et au dîner.

À prévoir

Deux mois avant Réservez l'hébergement le plus tôt possible, surtout pour la Semana Santa (Semaine sainte) et la Feria de Abril (fête d'Avril) ; réservez vos billets d'opéra et de spectacles.

Un mois avant Réservez la visite des toits de la cathédrale, du Palacio de San Telmo et les visites nocturnes de l'Alcázar.

Une semaine avant Réservez les restaurants, consultez le programme des expositions temporaires et des concerts.

Arriver à Séville

L'aéroport de Séville (www.aena.es) est situé à 10 km au nord-est de la ville. La gare ferroviaire de Sevilla-Santa Justa (Avenida de Kansas City), est l'un des principaux points d'accès au centre. Le terminal des arrivées internationales compte plusieurs DAB, des agences de location de véhicules et un bureau d'information touristique

Depuis l'aéroport de Séville

Taxi Un tarif fixe unique est prévu pour les courses entre l'aéroport et n'importe quel point de la ville (et vice versa), auquel aucun supplément bagage ne s'applique. La commande par téléphone est en revanche sujette à supplément (7h-21h lun-ven 22,81 € ; 21h-7h lun-ven et sam-dim et fêtes 25,43 € ; Semana Santa et Feria 31,78 €).

Comment circuler

L'idéal est de se déplacer à pied, mais la ville est dotée d'un réseau de bus bien développé (tussam.es). Le Metro Centro (T1) est un tramway moderne qui relie San Bernardo et la plaza Nueva en traversant la zone piétonnière du centre. L'unique ligne de métro relie Ciudad Expo et Olivar de Quintos (www.metro-sevilla.es) ; un billet simple coûte jusqu'à 1,80 €. Un aller simple en bus ou en Metro Centro coûte 1,40 € ; il existe des forfaits touristiques avec trajets illimités (1/3 jours 5/10 €).

Bus

Le réseau de bus urbain est bien développé et très pratique : 43 lignes desservent le centre et la périphérie. Les lignes circulaires C1 et C2 desservent l'extérieur ; les lignes C3 et C4, l'intérieur ; la C5, tout le quartier historique ; et la C6, la zone nord de la Macarena.

Métro

La ligne 1 a été conçue pour décongestionner la circulation entre la zone de l'Aljarafe et la ville. Les visiteurs logés en centre-ville n'en auront pas l'utilité. Séville a quatre stations : Plaza de Cuba, Puerta de Jerez, Prado de San Sebastián et San Bernardo.

Metro Centro

La ligne de tramway T1 – la seule – permet de traverser l'hypercentre sans marcher. Son parcours est de 2,2 km.

Taxi

Des stations de taxis sont présentes aux points clés de la ville ; on peut bien évidemment héler un taxi dans la rue.

Vélo

Sevici est un réseau urbain de location de vélos proposant 2 500 vélos répartis dans 259 stations. Fonctionne avec carte (www.sevici.es).

Les quartiers de Séville

Centro (p. 41)
Outre le trio cathédrale/Real Alcázar/Archivo de Indias, les ruelles tortueuses du centre offrent au promeneur de jolies surprises, notamment culinaires.

Macarena et Alameda de Hércules (p. 73)
Avec ses restaurants et ses bars, cette zone est devenue la plus noctambule et la plus alternative de la ville.

La Cartuja (p. 117)
Une île où se côtoient jardins, entreprises et espaces dédiés à la musique et aux arts.

Triana (p. 87)
Le quartier du flamenco est également réputé pour ses tapas et la calle Betis, véritable balcon offrant l'une des plus belles vues de la ville.

Extramuros et parque de María Luisa (p. 101)
Balades romantiques dans un vaste parc entouré de superbes exemples de l'architecture de l'Exposition de 1929 et de bons restaurants.

Explorer Séville

Promenades à pied

Plaza del Cabildo, près de la Cathédrale. KAVALENKAVA/SHUTTERSTOCK ©

Explorer
Centro

Couvrant près de 4 km², le quartier historique de Séville est l'un des plus étendus d'Europe. On y trouve trois monuments inscrits au Patrimoine mondial : l'imposante cathédrale et la Giralda (p. 45), l'Alcázar (p. 46) et l'Archivo de Indias (p. 58), que côtoient d'autres joyaux architecturaux. Avec ses rues piétonnes, le Centro se prête à la flânerie.

Pour déjeuner dans ce cadre monumental, rendez-vous au San Marco Santa Cruz (p. 62), un restaurant installé dans un ancien hammam. La promenade se poursuit Avenida de la Constitución, bordée d'édifices régionalistes et néomudéjars. Depuis la plaza Nueva, prenez la calle Sierpes, la principale artère commerçante de la ville, et faites une halte gourmande à La Campana (p. 67).

Avec ses mosaïques romaines provenant d'Itálica, le Palacio de la Condesa de Lebrija (p. 56) vaut le détour. Il en va de même de l'Iglesia del Salvador (p. 56), qui domine une place invitant à s'asseoir un moment. Sur le chemin du retour à la cathédrale (p. 42), empruntez la calle Hernando Colón et dînez à la Casa Robles (p. 59), puis prenez un verre sur la terrasse de l'Hotel EME Catedral (p. 131) pour finir en beauté.

Comment y aller et circuler

Metro Centro Le tramway T1 relie la Plaza Nueva et San Bernardo.

Métro Descendez à la station Puerta de Jerez (ligne 1), et poursuivez à pied.

Bus Lignes C5, C3, C4, 3, 40, 41, 27, 32, 1, 5 et 21.

Plan du quartier p. 54.

Vue depuis le Metropol Parasol (p. 78). ANIBAL TREJO/SHUTTERSTOCK ©

Les incontournables

Cathédrale

Frappé par sa grandeur, Théophile Gautier la décrivit ainsi : "C'est une montagne creuse, une vallée renversée." En effet, la cathédrale Santa María de la Sede est un joyau du gothique et l'une des plus grandes églises chrétiennes au monde par son volume. Après avoir exploré ses vastes nefs, il faut grimper au sommet de la Giralda, la célèbre tour devenue le symbole de la ville, et déambuler dans le Patio de los Naranjos.

PLAN P. 54, D5

catedraldesevilla.es
Calle Fray Ceferino
Tarif plein/réduit 10/5 € avec Iglesia del Salvador (p. 56).
11h-15h30 lun, 11h-17h mar-sam sept-juin, 10h30-15h30 lun, 10h30-17h mar-sam juil-août, 14h30-18h dim ; T1, C5, M Puerta de Jerez

Une mosquée-cathédrale

La cathédrale fut érigée sur une mosquée du XIIe siècle dont la construction avait été entreprise par le calife almohade Abu Yaqub Yusuf. Avant cette transformation, les chrétiens avaient déjà commencé à utiliser la mosquée en guise de cathédrale, et ce pendant près de 185 ans, sans y apporter de véritables changements. En décembre 1248, après avoir conquis la ville au nom du christianisme, Ferdinand III de Castille (Fernando III), dit le Saint (r. 1217-1252), assista à la messe de consécration qui fit de l'édifice musulman une cathédrale.

Un siècle de travaux

Les chanoines approuvèrent la construction de la cathédrale de Séville en 1401. Mais les historiens ont récemment remis en question cette date comme celle du lancement du chantier. Ils affirment, en s'appuyant sur les documents existants, que les travaux ne commencèrent pas avant 1433. Tout le monde s'accorde en revanche sur la date de la fin de construction de cet immense édifice gothique : le 10 octobre 1506. Malheureusement, cette date coïncida avec la mort du roi Philippe Ier de Castille (Felipe I), dit le Beau (septembre 1506), et les fastes de l'inauguration furent repoussés d'une année.

Du gothique au XXIe siècle

Le plan de la cathédrale est rectangulaire avec cinq nefs, et les chapelles sont situées dans les contreforts. Il est toujours fait référence à Santa María de la Sede – Notre-Dame du Siège, nom officiel de la cathédrale – comme à un édifice gothique, bien qu'elle mêle de nombreux styles architecturaux, de l'almohade de la mosquée originale au néogothique des légers travaux du XIXe siècle. Mais les styles mudéjar, Renaissance et néoclassique ont aussi marqué la *Magna hispalensis* de leur empreinte. Une liste susceptible de s'allonger, au rythme

★ Conseils

- Prévoyez de bonnes chaussures pour les 35 rampes de la Giralda ; pas d'ascenseur.
- En hiver, pensez à prendre une veste pour l'intérieur de la cathédrale.
- Planifiez votre visite de façon à éviter les grandes célébrations religieuses : Semaine sainte, Fête-Dieu, Saint-Ferdinand et Virgen de los Reyes (15 août).
- La Capilla Real est ouverte uniquement pour le culte.
- Réservez pour visiter les toits (954 214 971 ; catedraldesevilla.es ; visites guidées 16 € ; 9h30, 10h, 21h, 21h30 et 22h30 tlj).

Une petite faim ?

- **Cervecería Bar Giralda** (954 228 250 ; calle Mateos Gago 1 ; tapas 3-5 € ; 11h-minuit lun-dim). Grande variété de tapas dans une brasserie néomudéjare.

des interventions qu'exige la pierre qui a servi à sa construction.

Capilla Mayor

Au centre de la cathédrale, la grande chapelle abrite un retable gothique de 246 m² auquel ont contribué différents artistes de 1482 à 1564. Haut de 20 m, cet ensemble impressionnant de bois polychrome et de dorures illustre des scènes de la vie du Christ. Admirez aussi les stalles gothiques du chœur et ses grilles plateresques (Renaissance espagnole).

Capilla Real

Située dans le chevet de la cathédrale, là où devrait se trouver l'abside gothique, la chapelle royale, construite au XVIe siècle, abrite les dépouilles des monarques les plus attachés à la ville. On y vénère les restes intacts de saint Ferdinand qui en tant que roi Ferdinand III, expulsa les Maures hors de Séville en 1248. Y sont également enterrés son fils Alphonse X de Castille (Alfonso X), dit le Sage (r. 1252-1284), ainsi que Pierre Ier de Castille (Pedro I), dit le Cruel (r. 1350-1369), et sa première épouse, María de Padilla, qui fut sa favorite en dépit d'une longue liste de maîtresses et d'enfants. La chapelle ouvre lors des messes.

Patio de los Naranjos

Héritant de la vaste cour à arcades de la mosquée, plantée d'orangers (*naranjos*), la cathédrale n'eut pas à se doter d'un cloître. La cour des ablutions s'accompagna d'un legs inespéré : sa fontaine. Selon la tradition, le marbre de cette cuvette ouvragée provient des vestiges romains exhumés lors des fouilles du Patio de Banderas (Alcázar).

Un véritable musée

La liste des œuvres d'art de premier plan qu'abrite la cathédrale est interminable : on en dénombre plus de 500, réalisées entre le XVIe et le XXIe siècle, notamment celles d'Alejo Fernández, Pedro de Campaña, Luis de Vargas, Francisco Pacheco, Juan de Roelas, Francisco de Zurbarán, Murillo, Juan de Valdés Leal, Domingo Martínez et Francisco de Goya, ainsi que des sculptures de Juan Martínez Montañés.

Les fondements romains de la Giralda

Les premiers habitants de Séville, apparentés à la civilisation de Tartessos, fondèrent la ville de Spal au IXe siècle av. J.-C. Cette dernière ne se développa véritablement qu'avec l'arrivée des troupes du général romain Scipion en l'an 206 av. J.-C. Jules César eut pour ambition de faire d'Hispalis – son nom latinisé – une Rome miniature : en 49 av. J.-C., elle s'était déjà dotée d'un forum et de remparts. Pourtant, rares sont les vestiges de cette grande cité. Les Maures, qui s'emparèrent en l'an 712 de celle qu'ils appelèrent Ishbiliya, se servirent du gros de ses constructions comme d'une carrière pour leurs nouveaux travaux. Les maîtres d'œuvre qui rehaussèrent le minaret de la mosquée utilisèrent, entre autres matériaux, sept marbres gravés. Quatre de ces pierres d'autel et piédestaux de statues romaines sont actuellement visibles au pied de la tour. Selon les archéologues, c'est la preuve qu'à la place de l'actuelle plaza de la Virgen de los Reyes se tenait un forum de commerçants à l'époque romaine. Les inscriptions révèlent que trois guildes différentes de navigateurs y cohabitaient, chacune avec son propre autel.

Les colonnes de la calle Mármoles

Non loin de la cathédrale, dans la calle Mármoles, subsistent trois colonnes appartenant à ce que l'on pense être le portique d'un temple romain (Ier et IIe siècles), trois imposants fûts de granit de 8 m de haut dressés sur leurs bases, à 4,5 m en dessous du niveau actuel du sol. D'après les chercheurs, il s'agirait de la façade d'un temple hexastyle de 20 x 40 m, vraisemblablement dédié à l'empereur Trajan (r. 98-117), né dans la ville voisine d'Itálica. Le temple conserva ses six colonnes jusqu'en 1578, date à laquelle l'administrateur de Séville, Francisco Zapata de Cisneros, ordonna le transfert de deux d'entre elles à l'Alameda de Hércules, pour la construction de ce que l'on considère comme le premier parc urbain au monde. L'une des colonnes se brisa lors du transport, c'est pourquoi il y en a trois ici et deux dans le parc. L'héritage romain est également à observer lors d'une visite à l'Antiquarium (p. 78).

Du haut des toits

Une autre façon de découvrir la cathédrale est d'en explorer les toits : une expérience inoubliable. Depuis 2011, le chapitre de la cathédrale propose cette visite originale, inaccessible aux personnes à mobilité réduite en raison d'étroits escaliers en colimaçon. Tout un monde de pinacles, d'arcs-boutants et de coupoles s'offre à vous, et l'on peut distinguer les différents plans de l'édifice à travers ses terrasses. Et puis il y a la vue sur Séville, bien sûr.

Les incontournables

Alcázar

L'Alcázar a toujours été au cœur du pouvoir de la ville. Sur son emplacement se sont succédé une acropole romaine, une basilique paléochrétienne et des constructions wisigothes, jusqu'à l'édification d'un palais arabe au VIIIe siècle. La première casbah du IXe siècle servit de palais fortifié aux Almohades au XIIe siècle. L'attachement à ce site s'explique par l'ancien tracé du fleuve, qui arrivait presque à ses portes.

PLAN P. 54, E5

www.alcazarsevilla.org

Plaza del Triunfo

Tarif plein/réduit/-16 ans 11,50/3 €/gratuit

9h30-17h oct-mars, 9h30-19h avr-sept

T1, C3, C5, 41, M Puerta de Jerez

L'empreinte du roi Pierre Ier

Bien que l'Alcázar lui soit antérieur, Pierre Ier de Castille (r. 1350-1369) marqua l'édifice de son empreinte avec la construction d'un palais mudéjar entre 1356 et 1366, le Palacio del Rey Don Pedro. Des artisans nasrides venus de Grenade et des charpentiers mudéjars de Tolède collaborèrent avec des artisans locaux à la création de merveilles comme le Patio de las Doncellas (cour des Demoiselles) et le Patio de las Muñecas (cour des Poupées). Il s'agit de la première résidence palatiale édifiée par un roi de Castille.

Le palais gothique

Alphonse X ordonna en 1254 la construction d'un palais royal destiné à un usage officiel, qui fut gravement endommagé lors du violent tremblement de terre de Lisbonne au début du mois de novembre 1755. L'édifice conserve de nombreuses touches baroques des travaux de reconstruction qui s'ensuivirent. La chapelle gothique, à laquelle un retable de faïence de l'artiste Niculoso Pisano fut ajouté au XVIe siècle, marque le point d'orgue de la visite.

Baños de Doña María de Padilla

Le Jardín de la Danza (jardin de la Danse) est le recoin de l'ensemble monumental – 14 000 m² de surface construite et 7 000 m² de jardins au total – qui abrite le plus de légendes. On y trouve les Baños (bains) de Doña María de Padilla, un jardin d'été souterrain orné de fresques du XVIe siècle qui fut recouvert au XVIIIe siècle après les dommages provoqués par le séisme de Lisbonne. Doña María ne fut reconnue épouse légitime de Pierre Ier, dont elle eut quatre enfants, qu'après sa mort. Le roi déclara avoir convolé en noces avec elle "sous serment", une pratique recevable à l'époque. L'Église n'eut d'autre choix que d'annuler les deux autres mariages du monarque et de la déclarer reine.

★ À savoir

- Le billet d'entrée donne aussi accès à l'Antiquarium et au Museo de la Cerámica de Triana. En revanche, il n'inclut pas la visite du Cuarto Real Alto, résidence des rois d'Espagne à Séville. (4,50 € ; 10h-13h30).
- Dans le cadre des "Noches en los Jardines del Real Alcázar" (actidea.es ; 6 € ; 22h30 lun-sam juin-sept), 75 concerts nocturnes ont lieu à la Galería de Grutescos. Ouverture des portes dès 21h.
- Des expositions gratuites sont présentées au Salón del Apeadero, auquel on accède par le Patio de Banderas.

Une petite faim ?

Bodega Santa Cruz (954 218 618 ; calle Rodrigo Caro 1 ; 8h-minuit dim-juin, 8h-0h30 ven-sam), plus connue sous le nom de Las Columnas, est parfaite pour un repas sur le pouce (goûtez ses petits pains à la viande, *les montaítos de pringrá*).

Alcázar

Pabellón de Carlos V

Avec son superbe plafond à caissons et ses faïences du XVIe siècle, le pavillon de Charles Quint est la pièce maîtresse du Jardín del Príncipe (jardin du Prince), qui mêle styles mudéjar et Renaissance. Il est entouré d'une orangeraie plantée à l'époque de Pierre Ier, dont l'un des arbres a été certifié "bigaradier le plus vieux d'Espagne" – il date du XIVe siècle. Cet oranger amer fut introduit en Espagne par les Arabes.

Visites nocturnes

Ces visites nocturnes de l'Alcázar vous font découvrir les lieux en s'intéressant à certains des grands personnages qui y vécurent, comme Ferdinand III, Pierre Ier, les Rois Catholiques ou Charles Quint, qui célébra son mariage avec Isabelle de Portugal entre ces murs. Ces visites théâtralisées mettent aussi à l'honneur d'autres personnalités telles que Murillo et Magellan (1 heure, 14 €).

Les incontournables

Museo de Bellas Artes

L'histoire du musée des Beaux-Arts de Séville, considéré comme la deuxième pinacothèque d'Espagne après le Prado de Madrid, est liée à celle de l'Église. Son siège est l'ancien couvent de la Merced Calzada, un édifice maniériste bâti par l'architecte et sculpteur Juan de Oviedo au XVIIe siècle. Passé aux mains de l'État en 1836, le lieu hérita des nombreux trésors obtenus grâce à la confiscation officielle des biens du clergé.

PLAN P. 54, B2

www.museosdeandalucia.

Plaza del Museo 9

Tarif plein/membres de l'U
1,50 €/gratuit

9h-21h mar-sam, 9h-15
mar-dim août, 10h-15h din
et fêtes

C3, C4, C5, 6 et 43

Murillo et le baroque

Le principal attrait du musée est sans conteste son imposante collection d'art baroque, à commencer par les œuvres de Bartolomé Esteban Murillo (1618-1682). L'*Immaculée Conception*, surnommée *La Colossale* en raison de ses dimensions, trône dans l'ancienne église du couvent de la Merced. Dans la même salle, on peut admirer la série que Murillo réalisa pour le Convento de Capuchinos, avec des œuvres aussi fondamentales pour le naturalisme que *Santas Justa y Rufina* (*Sainte Juste et sainte Rufine*), et la *Virgen de la servilleta* (*Vierge à la serviette*). Cette série sera visible dans sa totalité jusqu'en 2025, année où le prêt de la grande peinture *El jubileo de la Porciúncula* (1666) par le musée Wallraf Richartz de Cologne prendra fin.

Zurbarán et la Cartuja

Une grande spiritualité se dégage des œuvres de Francisco de Zurbarán (1598-1664), et personne ne sut mieux que lui doter la palette des blancs d'une vibrante intensité. En 1655, il réalisa trois grandes œuvres pour le Monasterio de Santa María de las Cuevas (Monasterio de la Cartuja ; p. 118). Dans ces œuvres, l'artiste synthétisa les principes qui régissent l'ordre des Chartreux et qui furent les siens : l'austérité et la dévotion. Les historiens de l'art s'étonnent de l'incroyable maîtrise technique d'un artiste qui n'eut guère de bons maîtres et ne voyagea que très peu.

Le fils du Greco

Dhomínikos Theotokópoulos, dit le Greco (1541-1614), porta un soin tout particulier au *Portrait de Jorge* Manuel (1597-1603), représentant son fils unique. La toile attire l'attention du spectateur vers le visage et les mains du sujet au moyen d'un subtil jeu de lumière. Elle fut léguée au musée en 1897 par l'infante Marie-Louise-Fernande de Bourbon. Cette dernière fit également don à la ville d'une partie du jardin

★ À savoir

- Pour vous imprégner de l'atmosphère monacale des lieux, programmez sa visite tôt le matin.
- Le musée organise d'intéressantes expositions. Des conférences ont lieu le 2e dimanche du mois (gratuit ; 12h) dans le cadre du programme "Mirar un cuadro" ("Regarder un tableau").
- Ses 4 patios verdoyants sont une bonne raison de visiter le musée au printemps, même si toutes les saisons permettent d'apprécier leur sérénité et leurs arômes.

Une petite faim ?

Mechela
(955 282 566 ; mechelarestaurante.es ; calle Pastor y Landero 20 ; tapas 5-12 €, plats 5,80-21 €; déj et dîner mar-sam ; déj dim, dîner lun ; juin-sept fermé dim), doit sa réputation à ses plats originaux.

de son palais de San Telmo, qui est aujourd'hui le poumon vert de Séville et porte son nom : le Parque de María Luisa (p. 102).

Le rival de Michel-Ange

Le sculpteur italien Pietro Torrigiani, compagnon et rival de Michel-Ange à la cour des Médicis, arriva à Séville en 1522 et y introduisit les nouveautés de la Renaissance. Son exceptionnelle sculpture en terre cuite *San Jerónimo* (*Saint Jérôme*) ouvrit la voie aux futures générations d'artistes locaux. On décèle son influence dans certaines œuvres du musée, notamment le *Santo Domingo penitente* (*Saint Dominique pénitent*) réalisé par Juan Martínez Montañés en 1605.

Précurseurs du maniérisme

Francisco Pacheco (1564-1644), davantage connu pour son traité *El Arte de la pintura* (*L'Art de la peinture*) et pour son lien de parenté avec Diego Velázquez – dont il était le beau-père – que pour son œuvre, fut l'un des grands précurseurs du maniérisme en Andalousie. En 1600, Pacheco et son disciple Alonso Vázquez furent chargés d'une série pour le cloître du Monasterio de la Merced – siège actuel du musée – dont on peut aujourd'hui admirer quatre œuvres, notamment *San Pedro Nolasco liberando a los cautivos* (*Saint Pierre Nolasque libérant les captifs*) d'Alonso Vázquez.

Un des patios du Museo de Bellas Artes.

e pillage du maréchal Soult

a "réquisition" de centaines d'œuvres d'art à laquelle procédèrent ɛs troupes du maréchal Soult en 1810, lors de la guerre d'Indépendance spagnole, fut un coup dur pour l'art espagnol. Les Français arrivèrent Séville avec une liste de 999 œuvres signalées dans un exemplaire 'un grand dictionnaire de l'art espagnol rédigé par Juan Agustín Ceán ermúdez, même s'ils ne purent toutes les localiser. Mais, revers u destin, les œuvres baroques dérobées par Soult pour sa collection ersonnelle atterrirent au musée du Louvre à la mort du maréchal n 1851. Le musée parisien exposa alors les créations de Murillo, urbarán, Alonso Cano et Valdés Leal, qui exercèrent une grande nfluence sur des artistes français tels qu'Édouard Manet.

Cette approche baroque fut une excellente carte de visite pour ɛs peintres andalous à l'international, et les grands musées du monde ntier se disputèrent leurs toiles, bien que nombre d'entre elles fussent orties illégalement d'Espagne.

Les péripéties de l'*Immaculée Conception* peinte par Murillo en 1678 our l'Hospital de los Venerables de Séville (p. 56) comptent parmi les istoires les plus rocambolesques que l'invasion de Napoléon provoqua ans le monde de l'art. Les héritiers de Soult vendirent cette œuvre au ouvre pour 615 300 francs, le prix le plus élevé jamais atteint par un ableau à cette époque. Le gouvernement espagnol, lassé de réclamer toile, l'échangea avec le Louvre contre un portrait de Velázquez en 1940. lais plutôt que d'être renvoyée à Séville, l'*Immaculée* resta au Prado : direction du musée n'était pas prête à s'en séparer compte tenu de on prix. Le tableau ne retourna à domicile qu'en 2012… le temps d'une xposition temporaire sur Murillo. On a fêté en 2017 les 400 ans de naissance de l'artiste, que la ville a célébré en grande pompe avec lusieurs expositions et un congrès international sur le peintre sévillan.

;ourants andalous

ionzalo Bilbao (1860-1938) ıt l'une des grandes figures du *ostumbrismo* et du régionalisme, eux courants artistiques qui assionnèrent la société andalouse u début du XXe siècle. L'artiste évillan s'inspira des fileuses e son compatriote Velázquez · dont le musée ne possède qu'une œuvre, le portrait *Retrato de Don Cristóbal Suárez de Ribera* (1620) – pour créer le climat de *Las Cigarreras* (*Les Cigarières*, 1915). Cette peinture grand format recrée l'atmosphère de travail de la Real Fábrica de Tabacos (manufacture de tabac ; p. 105) de Séville, à laquelle une mère donnant le sein en plein service apporte une touche de tendresse.

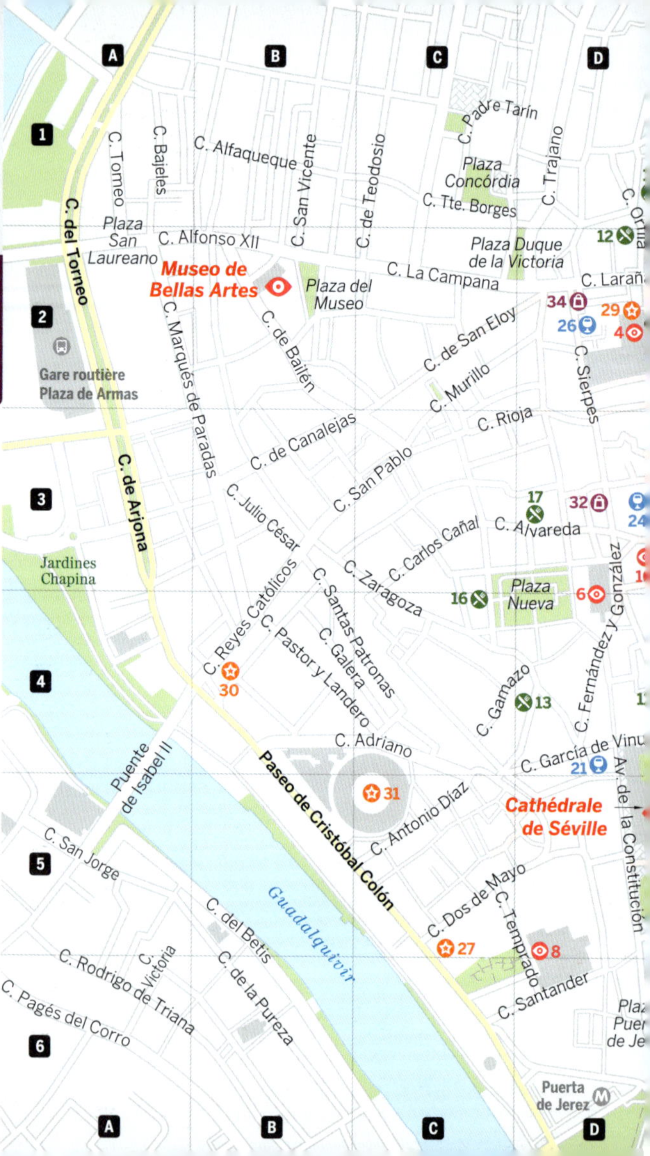
A
B
C
D
1
2
3
4
5
6
C. Padre Tarín
Plaza Concórdia
C. Trajano
C. Alfaqueque
C. San Vicente
C. de Teodosio
C. Tomeo
C. Bajeles
C. Tte. Borges
C. Orfila
12
C. del Torneo
Plaza San Laureano
C. Alfonso XII
Plaza Duque de la Victoria
C. La Campana
C. Laraña
Museo de Bellas Artes
Plaza del Museo
34
29
26
4
Gare routière Plaza de Armas
C. Marqués de Paradas
C. de Bailén
C. de San Eloy
C. Murillo
C. Sierpes
C. Rioja
C. de Canalejas
C. de Arjona
C. San Pablo
C. Julio César
17
32
24
C. Alvareda
C. Carlos Cañal
Jardines Chapina
C. Zaragoza
C. Reyes Católicos
C. Santas Patronas
16
Plaza Nueva
6
C. Fernández y González
C. Pastor y Landero
C. Galera
30
C. Gamazo
13
C. Adriano
C. García de Vinuesa
21
Puente de Isabel II
Paseo de Cristóbal Colón
31
C. Antonio Díaz
Av. de la Constitución
Cathédrale de Séville
C. San Jorge
Guadalquivir
C. Dos de Mayo
C. Temprado
C. del Betis
27
8
C. Victoria
C. Rodrigo de Triana
C. de la Pureza
C. Santander
C. Pagés del Corro
Puerta de Jerez

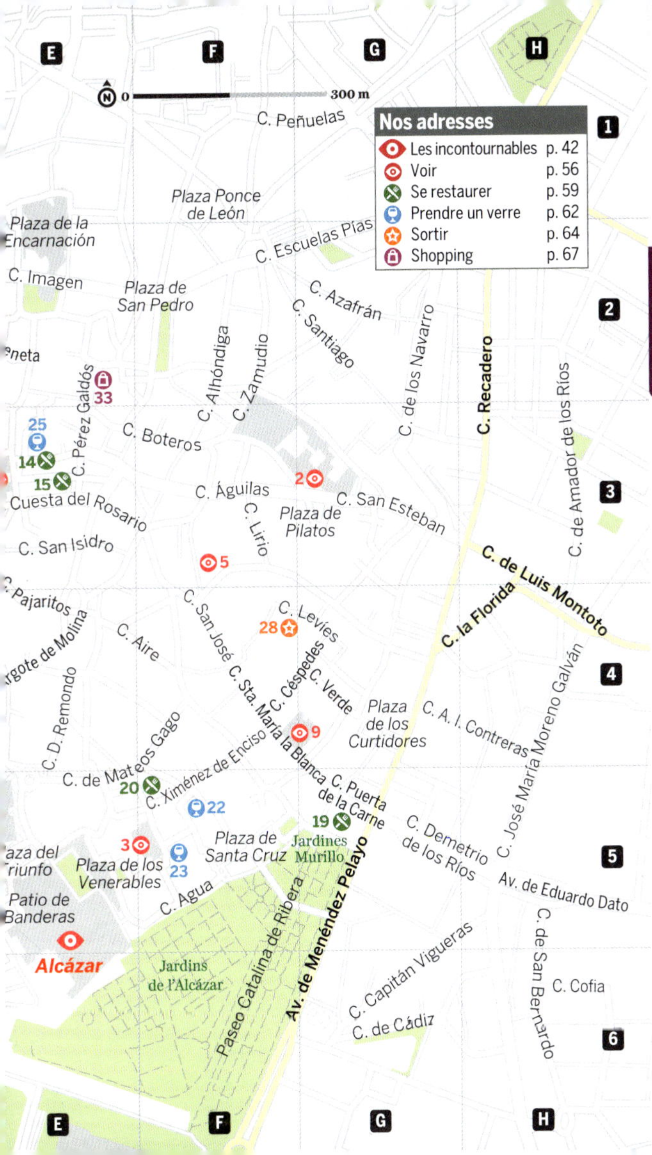
Nos adresses
Les incontournables p. 42
Voir p. 56
Se restaurer p. 59
Prendre un verre p. 62
Sortir p. 64
Shopping p. 67
E
F
G
H
1
2
3
4
5
6
0
300 m
C. Peñuelas
Plaza Ponce de León
Plaza de la Encarnación
C. Escuelas Pías
C. Imagen
Plaza de San Pedro
C. Azafrán
C. Santiago
C. de los Navarro
C. Recadero
C. Alhóndiga
C. Zamudio
C. Pérez Galdós
C. Boteros
C. de Amador de los Ríos
C. Águilas
C. Lirio
Plaza de Pilatos
C. San Esteban
Cuesta del Rosario
C. San Isidro
C. de Luis Montoto
C. la Florida
C. Pajaritos
C. Aire
C. San José
C. Levíes
C. Céspedes
C. Verde
C. Sta. María la Blanca
C. D. Remondo
C. de Mateos Gago
C. Ximénez de Enciso
Plaza de los Curtidores
C. A. I. Contreras
C. José María Moreno Galván
C. Puerta de la Carne
C. Demetrio de los Ríos
Av. de Eduardo Dato
Plaza de Santa Cruz
Jardines Murillo
Plaza de los Venerables
Patio de Banderas
C. Agua
Alcázar
Jardins de l'Alcázar
Paseo Catalina de Ribera
Av. de Menéndez Pelayo
C. Capitán Vigueras
C. de Cádiz
C. de San Bernardo
C. Cofia
33
25
14
15
2
5
28
9
20
22
19
3
23

Centro

Voir

Iglesia del Salvador ÉGLISE

1 PLAN P. 54, E3

Édifiée sur la grande mosquée de Séville – un édifice du VIIIe siècle qui servit d'église entre 1341 et 1671 –, la Colegial del Divino Salvador (collégiale du Saint-Sauveur) est un ouvrage baroque dont la construction, à laquelle participa l'architecte Leonardo de Figueroa, s'étala de 1682 à 1712. L'église (la deuxième de Séville après la cathédrale) est plus resplendissante que jamais au terme de longs travaux de rénovation. Outre le bâtiment, 53 de ses 700 œuvres d'art ont également été restaurées, notamment la sculpture *San Cristóbal* (*Saint Christophe*) de Juan Martínez Montañés. (954 211 679 ; www.iglesiadelsalvador.es ; plaza del Salvador 3 ; tarif plein/réduit/-14 ans 10/5 €/gratuit, inclus dans le billet de la cathédrale ; 11h-18h lun-sam, 15h-19h30 dim sept-juin, 10h-18h lun-sam, 15h-19h30 dim juil-août ; C5, 27 et 32)

Casa de Pilatos MAISON-MUSÉE

2 PLAN P. 54, G3

Pour vous faire une idée du mode de vie de la noblesse sévillane au siècle d'or, rien de tel qu'une visite de ce palais, propriété de la Casa Ducal de Medinaceli. Construit dans le plus pur style mudéjar au XVe siècle, il fut réaménagé par ses propriétaires dans le goût Renaissance au XVIe siècle. La maison, qui n'a pas le moindre rapport avec Ponce Pilate, porte néanmoins son nom, car elle constituait l'une des étapes du chemin de croix dont la célébration commença à Séville en 1520 et dont la Semaine sainte est l'héritage. Son patio et ses salons servirent de décor au tournage de nombreux films, notamment *Lawrence d'Arabie* en 1962. (954 225 298 ; fundacionmedinaceli.org ; plaza de Pilatos 1 ; tarif plein/-11 ans 10-12 €/gratuit ; 9h-18h tlj nov-mar, 9h-19h t avr-oct ; C5, 27 et 32)

Hospital de los Venerables ÉGLISE, MUSÉ

3 PLAN P. 54, F5

Construit au XVIIe siècle dans le plus pur style baroque, l'Hospital de los Venerables abrite aujourd'hu la Fundación Focus, qui organise d'importantes expositions. Dans son église, où des concerts d'orgue sont parfois donnés, sont exposées des œuvres de Pedro Roldán, Juan Martínez Montañés et Juan Valdés Leal. La sacristie est décorée d'un trompe-l'œil de ce dernier : des anges semblent porter la Croix dan les airs. L'édifice héberge égalemen le **Centro Velázquez**, créé autour de l'acquisition de *Santa Rufina*, une peinture attribuée à Diego Velázquez. Deux autres œuvres, *L'Immaculée Conception* (1617) et *L'Imposition de la chasuble à saint Ildefonse* (1622-1623), propriétés de l'Ayuntamiento, sont dûment authentifiées. (954 562 696 ; fundacionfocus.com ; plaza de los Venerables 8 ; tarif plein/réduit 10/8 €

10h-20h mars-juin ; 10h-14h et 7h30-21h juil-août ; 10h-20h sept-nov ; 0h-18h déc-fév ; T1, C3, 1, 5 et 21, Puerta de Jerez)

Palacio de la Condesa de Lebrija

MAISON-MUSÉE

PLAN P. 54, D2

Regla Manjón, comtesse de Lebrija, fit l'acquisition de cette demeure du XVIe siècle en 1901 afin d'y installer ses trésors archéologiques. On y retrouve aujourd'hui encore l'esprit de la collectionneuse. Le palais fut réaménagé afin d'accueillir au sol de superbes mosaïques romaines, qui proviennent de la ville voisine d'Itálica, quand aucune loi n'interdisait une telle appropriation (la première réglementation est issue de la Constitution de 1931). Outre les arcs mudéjars et les colonnes de marbre, on peut y admirer des pièces arabes et des azulejos du XVIe siècle. (954 227 802 ; palaciodelebrija.com ; calle Cuna 8 ; tarif plein/réduit 12-6 € ; 10h30-19h30 lun-dim ; C5, 10, 11, 12, 15, 20, 24, 27 et 32)

Colección Bellver-Casa Fabiola

ÉDIFICE HISTORIQUE, MUSÉE

5 PLAN P. 54, F3

La Casa Fabiola est une demeure du XVIe siècle qui s'articule autour d'un patio et a de superbes azulejos, des plafonds à caissons et un grand escalier en marbre. Restaurée au XIXe siècle, elle héberge depuis 2018 plus de 500 œuvres – peintures, sculptures, porcelaines, meubles et pièces d'horlogerie – léguées

Centro Velázquez, Hospital de los Venerables.

à l'Ayuntamiento par Mariano Bellver, mécène et collectionneur d'art. La peinture de mœurs sévillane du XIXe siècle est un des intérêts majeurs de cette collection. Elle est représentée, entre autres, par des œuvres de Sánchez Perrier, Gonzalo Bilbao, Cabral Bejarano, Gutiérrez de la Vega et Valeriano Domínguez Bécquer. (955 470 295 ; calle Fabiola 5 ; tarif plein/réduit 3/2,25 € ; 11h-20h mar-dim ; 11h-21h mar-dim juin-sept ; T1, C5, M Puerta de Jerez)

Ayuntamiento

HÔTEL DE VILLE

6 PLAN P. 54, D3

La mode Renaissance débarqua à Séville avec le mariage entre Charles Quint et Isabelle de Portugal en 1526. Le nouvel hôtel de ville fut construit dans un superbe style plateresque, comme en témoigne sa façade inachevée peuplée de créatures mythologiques et grotesques. Bâti entre 1527 et 1534 selon les plans de Diego de Riaño, l'édifice fut agrandi au XIXe siècle et se dota d'une nouvelle façade néoclassique côté plaza Nueva. Depuis janvier 2013, le bâtiment et ses trésors font l'objet d'une visite guidée en espagnol ou en anglais (vidéoguides disponibles dans d'autres langues). Réservation indispensable en ligne. (www.sevilla.org ; Plaza Nueva 1 ; tarif plein/-16 ans 4 €/gratuit ; 19h lun-jeu, entrée libre 10h sam ; T1, C5, 40 et 41, M Puerta de Jerez)

Archivo General de Indias

ARCHIVES, MUSÉE

7 PLAN P. 54, D5

Avec la cathédrale et l'Alcázar, les Archives générales des Indes complètent la triade déclarée Patrimoine mondial par l'Unesco en 1987. Ancienne *lonja mercantil* (Bourse du commerce) au XVIe siècle, l'édifice resta inoccupé lorsque le siège du commerce d'outre-mer déménagea à Cadix en 1717. Ce n'est qu'au XVIIIe siècle que le bâtiment fut choisi pour conserver toute la documentation relative aux territoires espagnols d'outre-mer. Des milliers de dossiers et de cartes y ont été stockés, depuis la découverte des Amériques jusqu'à la perte des Philippines dans le "désastre" de 1898. Expositions également. (954 500 528 ; pares.culturaydeporte.gob.es/inicio.html ; Av. de la Constitución ; 9h30-16h45 mar-sam, 10h-13h45 dim et fêtes ; T1, C5, M Puerta de Jerez)

Hospital de la Caridad

MUSÉE

8 PLAN P. 54, D5

Miguel de Mañara, l'instigateur de la construction de cet hôpital de la Sainte- Charité au XVIIe siècle, est également à l'origine du programme iconographique que suivirent Bartolomé Esteban Murillo, Juan Valdés Leal et Pedro Roldán pour l'église. On lui doit l'idée de la série *Obras de misericordia*

Œuvres de miséricorde) de Murillo dont quatre sont des copies enues remplacer les œuvres érobées par Soult en 1810 ɔ. 53) – et de *Las Postrimerías Allégories de la mort*) de Valdés eal, œuvres majeures de l'artiste. difié sur les arsenaux royaux du IIIe siècle, l'hôpital conserve sa onction originelle et accueille 0 personnes âgées sans essources. (954 223 232 ; santa aridad.es ; calle Temprado 3 ; tarif lein/réduit/-18 ans/-7 ans 8/5/2,50 €/ ratuit ; 10h30-19h lun-ven, horaires ariables sam, 10h30-12h et 14h-19h im ; T1, C4, C5, 3, 40 et 41)

Santa María la Blanca

ÉGLISE

PLAN P. 54, F4

Cette petite église résume à elle seule l'histoire du quartier juif de Séville. Érigée comme mosquée à l'époque califale, au Xe siècle, elle fut convertie en synagogue au XIIIe siècle sur autorisation d'Alphonse X, dit le Sage, afin que chacune des trois religions dispose de lieux de culte. Avec l'hégémonie chrétienne, la synagogue devint ensuite église mudéjare, puis s'inscrivit dans le courant baroque au XVIIe siècle. Ses murs arborent deux œuvres majeures : *Descendimiento (La descente de Croix)* de Luis de Vargas, et *La Cène* (1640) de Murillo. (954 263 125 ; calle Santa María la Blanca 5 ; 10h-13h et 18h-20h lun-jeu ; ven-dim, ouvert hors des offices ; C3, C4, 1, 5 et 21)

Fundación Cajasol

CENTRE CULTUREL

10 PLAN P. 54, D3

La Real Audiencia y Chancillería de Sevilla, construite à la fin du XVIe siècle et réhabilitée par Aníbal González au XXe siècle, est désormais un grand centre culturel. C'est aussi le siège de la fondation Cajasol. Située face à l'Ayuntamiento, elle occupe une grande partie du site avec sa bibliothèque, son théâtre et ses salles dédiées aux expositions, ateliers et conférences. En son centre s'ouvre un patio grandiose dont Cervantès a sans nul doute foulé le sol, puisqu'il fut prisonnier dans un bâtiment adjacent. (954 508 200 ; fundacioncajasol.com ; calle Álvarez Quintero 9 ; expos gratuites ; 9h-21h lun-dim ; T1, C5, 40 et 41, M Puerta de Jerez)

Se restaurer

Casa Robles

ANDALOU **€€€**

11 PLAN P. 54, D4

Juan Robles inaugura sa bodega en 1954. Une cuisine simple misant sur des produits de qualité, telle est la clé de son succès depuis lors. Parmi les plats de sa carte les plus demandés, on trouve le riz en sauce à la queue de taureau et les plats de poisson et de fruits de mer. Robles a huit autres établissements à Séville. (954 213 150 ; casarobles.es ; calle Álvarez Quintero 58 ; plats 15,80-27,50 € ; déj et dîner lun-dim ; T1, C4, C5, 3, 40 et 41, M Puerta de Jerez)

Cañabota

POISSON €€€

12 PLAN P. 54, D2

Les poissons arrivent directement du marché de Cadix. Les clients les choisissent dans la vitrine avant de s'installer dans la salle dont l'austérité rappelle celle d'une véritable poissonnerie, mais qui ne reflète en rien l'accueil convivial du personnel. La *parrilla* au charbon de bois est la star de la cuisine. Les chefs Marcos Nieto et Rafa García la préparent sous les yeux friands des clients. Réservation indispensable. Juste à côté, **La Barra del Cañabota** (954 913 432 ; calle Orfila 5 ; tapas 2-24 €), met elle aussi le poisson à l'honneur, mais sous forme de tapas. (954 870 298 ; cañabota.com ; calle Orfila 3 ; plats 7,50-19 €/100 g ; déj et dîner lun-sam ; C5, 13, 14, 27 et 32)

Torres y García

GASTROBAR €€

13 PLAN P. 54, D4

Genoveva Torres et Juan Manuel García sont un couple de cuisiniers qui révolutionne la restauration à Séville. Après avoir débuté par un bar à tapas (Ovejas Negras, "brebis galeuses"), ils ont surpris avec ce cinquième établissement, un espace de 400 m² dédié à ce qu'ils nomment la "cuisine rustique". La carte et le décor industriel en font l'adresse locale la plus cool ouverte par le couple. Leurs quatre autres établissements – **Ovejas Negras** (955 123 811 ; calle Hernando Colón 8), **El Mamarracha** (955 123 911 , calle Hernando Colón 1 et 3), **La Chunga** (955 180 844 ; calle Arjona 13) et **La Tata Pila** (954 870 862 ; calle Julio César 14) – valen[t] aussi le déplacement. (955 546 385 ; ovejasnegrascompany.com ; calle Harinas 2 ; plats 2,90-25 € ; déj et dîner lun-dim ; T1, C5, 40 et 41)

Sal Gorda

GASTROBAR €

14 PLAN P. 54, E3

Cette adresse propose, à partir d'une cuisine traditionnelle, des combinaisons originales. Des tapas sophistiquées comme l'*ajoblanco* au *mojama* et sésame, ou le tartare de crevettes blanches l'huile d'olive et au yuzu, peuvent être assorties de vins andalous. Réservation conseillée. (955 385 972 ; calle Alcaicería de la Loza 23 ; tapas 3,20-8,50 € ; déj et dîner lun-dim, fermé 8-18 août ; C5, 27 et 32)

Tradevo Centro

GASTROBAR €€

15 PLAN P. 54, E3

Le premier Tradevo a ouvert en 2011. Depuis, son propriétaire et chef, Gonzalo Jurado, séduit Sévillans et visiteurs par de succulentes créations où abondent les produits de la mer. Vous trouverez également un bar dans chaque enseigne, servant des cocktails maison. À l'établissement d'origine (p. 108) se sont ajoutés le **Tradevo San Bernardo** (854 806 173 ; calle Juan de la Mata Carriazo 6) spécialisé dans le poisson, et ce beau restaurant central. (854 807 424 ; www.tradevo.es ; calle Cuesta del Rosario 15 ; assiette tapas 6 €, plats 18 € ; déj et dîner lun-dim ; C5, 27 et 32)

eis
MÉDITERRANÉEN €€

PLAN P. 54, C4

n vient manger au rez-de-chaussée e l'Hotel Inglaterra, pour son écor très tropical, au milieu des oiseries et des plantes vertes. et établissement ouvert en 2017, petit dernier du groupe Tu Hogar uera de Casa, qui compte cinq utres adresses à Séville, propose ne cuisine méditerranéenne dans ne atmosphère informelle. (955 440 030 ; tuhogarfueradecasa. om ; plaza Nueva 7; tapas 3,50-7 €, ats 5-19 € ; petit-déj, déj et dîner n-dim ; T1, C5, 40 et 41)

elai
GASTROBAR €€

PLAN P. 54, D3

eux chefs, l'un de Séville et autre de Saint-Sébastien, eurent l'idée de mettre en commun leurs connaissances et d'appliquer les dernières techniques culinaires pour créer une carte très élaborée. Le fruit de leur collaboration est à déguster dans cet établissement au décor minimaliste. (954 229 992 ; restaurantezelai.com ; calle Albareda 22 ; assiette tapas 7,50-14,50 € ; déj et dîner lun-dim ; T1, C5)

La Jaula de Papel
MÉDITERRANÉEN €€

18 PLAN P. 54, D1

Lovée au cœur de la petite plaza de Santa Marta, La Jaula de Papel accueille ses hôtes dans une salle chaleureuse ou en terrasse. Depuis 2019, le jeune chef Pedro Javier Bosch propose une cuisine de saison et une carte de vins pour

asa Robles.

Deux tables incontournables

À deux pas du centre mais au-delà des limites des vieux remparts, ne manquez pas ces deux excellents restaurants : l'**Abantal** (954 540 000 ; abantalrestaurante.es ; calle Alcalde José de la Bandera 7 et 9 ; menu dégustation 75-95 € ; déj et dîner mar-sam, fermé août ; C3, C4, 1, 5, 21, 24 et 27), est le seul établissement de Séville à afficher une étoile Michelin, grâce à la cuisine irréprochable de Julio Fernández ; et le **Tribeca** (954 426 000 ; restaurantetribeca.com ; calle Chaves Nogales 3 ; tapas 4,50-26 €, plats 22,50-29 €, menu dégustation 95-140 € ; déj et dîner lun-sam, fermé août ; C3, C4, 5, 21, 24 et 27), une adresse du mouvement Slow Food proposant une belle variété de tapas, où les trois frères Giménez misent sur les meilleurs poissons du littoral de Cadix. La cave compte 350 références. Terrasse ouverte de mars à octobre.

la plupart andalous, avec quelques sélections audacieuses. Parmi les plats notables, goûtez le calamar de *potera* pané et sa poêlée de légumes, ou le cabillaud confit sur son lit de tomates à la *bilbaína*. (854 604 630 ; calle Angostillo 8 ; plats 11-24 € ; petit-déj, déj et dîner lun-dim ; C5, 13, 14, 27 et 32)

La Mata

MÉDITERRANÉEN €

19 PLAN P. 54, G5

C'est un pur plaisir de s'installer ici l'extérieur pour déguster un *pastel* de poulet ou un carré d'agneau aux fines herbes. La salle, blanche avec des touches coloniales, laisse la vedette aux saveurs iodées. N'hésitez pas à commander le plat du jour, qui pourrait être une soupe de tomates ou bien des gambas aux pois chiches. (955 754 219 ; lamatarestaurante.es ; calle Puerta de la Carne 6 ; tapas 2,50-6 €, plats 9-16 € ; déj et dîner lun-dim ; C3 C4, 1, 5 et 21)

San Marco Santa Cruz

ITALIEN €

20 PLAN P. 54, F5

Quoi de plus romantique que de manger sous les lucarnes d'un hammam du XIIe siècle ? Le restaurant, qui propose une cart italienne variée, s'est adapté avec goût à ce joyau de l'architecture mauresque. (954 214 390 ; restaurantesanmarcosantacruz.es ; calle Mesón del Moro 6 ; plats 9,80-25 € ; déj et dîner lun-dim ; T1, C5, M Puerta de Jerez)

Prendre un verre

Casa Morales

BODEG

21 PLAN P. 54, D4

Prendre un verre de vin au beau milieu des jarres en terre cuite où il était naguère stocké est tout à fait possible dans cette bodega du centre de la ville.

epuis son inauguration en 1850, tablissement n'a pas changé propriétaires, même si les orales proposent désormais es tapas pour accompagner tre verre. (954 221 242 ; calle rcía de Vinuesa 11 ; 12h-16h 20h-minuit lun-sam ; T1, C4, , 3, 40 et 41, M Puerta de Jerez)

as Teresas

BAR

PLAN P. 54, F5

epuis 1870, cet ancien magasin alimentation voyait les clients accouder à son comptoir, si bien l'il fut décidé de le transformer bar en 1939. On peut y prendre n verre et goûter aux spécialités e la cuisine andalouse. Nichée ans le dédale de ruelles du uartier gothique, cette adresse t prisée des jeunes étrangers. 954 213 069 ; calle Santa Teresa 2 ; 10h30-minuit lun-jeu, 12h-1h ven-m, 12h-minuit dim ; C3, 1, 5 et 21)

asa Román

BAR

PLAN P. 54, F5

n classique du genre, ouvert epuis 1934. Ce bar traditionnel pique du centre, en plein Santa ruz, est toujours plein. On y vient our son jambon ibérique coupé ans les règles de l'art et pour ses iarcuteries. (954 228 483 ; plaza los Venerables 1 ; 12h30-17h30 19h30-minuit lun-mer, 12h30-minuit u-dim, 12h30-17h30 dim nov à mi-ars ; T1, C3, 1, 5 et 21, Puerta de Jerez)

La Antigua Bodeguita

BAR

24 PLAN P. 54, D3

Presque toute l'année, à l'exception des jours où la chaleur est insupportable, les Sévillans se retrouvent sur la plaza del Salvador pour prendre une bière entre amis, assis sur les marches de la collégiale. C'est ici que l'on sert les meilleures bières pression du quartier. (954 561 833 ; plaza del Salvador 6 ; 11h-23h30 lun-sam juin-sept, 11h-23h30 mar-sam et 11h-16h dim oct-mai ; C5, 27 et 32)

Europa

BAR

25 PLAN P. 54, E3

Voici un bar tout à fait authentique, ouvert en 1925, dont la décoration n'a pas bougé d'un iota. Outre le charme de la tradition espagnole, il offre une terrasse donnant sur la jolie plaza de Jesús de la Pasión, surnommée plaza del Pan, avec l'arrière de l'Iglesia del Salvador en toile de fond. (954 217 908 ; calle Siete Revueltas 35 ; 8h30-minuit lun-dim ; C5, 27 et 32)

Manolo Cateca

CAFÉ

26 PLAN P. 54, D2

Taberna tranquille ouverte en 1952 et spécialisée dans les vins du Marco de Jerez. Bien que l'on consomme debout et que le trottoir soit aussi bondé que l'intérieur, les Sévillans adorent venir prendre l'apéritif dans cet établissement classique avec azulejos typiques de Triana et serveurs à l'ancienne. Les *montaditos* (tapas) sont alléchants, et la *taberna* ouvre le matin pour les accros à l'anisette. (☎657 590 509 ; calle Santa María de Gracia 11 ; ⏰10h30-16h30 et 19h30-23h30 lun-ven, 10h-16h30 sam ; 🚌C5, 13, 14, 27 et 32)

Sortir

Teatro de la Maestranza OPÉRA

27 ★ PLAN P. 54, C5

Construit pour accueillir les spectacles lyriques de l'Expo '92, ce théâtre s'est depuis imposé comme une salle d'opéra de référence en Espagne. Outre ses propres productions, l'Opéra présente des concerts et des spectacles de danse de grands artistes internationaux, et notamment de flamenco. C'est également le siège de l'Orchestre symphonique royal de Séville. (☎954 226 573 ; teatrodelamaestranza.es ; paseo Colón 22 ; places 26-130 €, programm en ligne ; ⏰20h ; 🚌C3, C4, 22, 26 et 25, Ⓜ Puerta de Jerez)

Las Teresas.

GONZALO AZUMENDI ©

La Carbonería BAR, MUSIQUE LI

28 ★ PLAN P. 54, F4

Dans les années 1970, alors que Séville était un désert culturel où n'existaient que les festivals et les expositions organisés par la ville, La Carbonería lutta pour créer un espace dédié à l'art. Entre ses murs en plein quartier juif, qui appartinrent jadis à Samuel Leví (trésorier de Pierre Ier) avant de servir à entreposer du charbon, l'établissement propose des expositions, des débats et des présentations de livres. Il y a aussi chaque jour (21h30-minuit), des spectacles de flamenco, tous plus surprenants les uns que les autres (☎954 229 945 ; lacarbonerialevies.blogspot.com ; calle Céspedes 21 Acc ⏰19h-1h lun-dim ; 🚌C3, C5, 1, 5 et 2

La Casa de la Memoria FLAMEN

29 ★ PLAN P. 54, D2

L'endroit indiqué pour un spectacle flamenco de qualité. Ce centre culturel, qui héberge aussi des expositions, propose un programme de chant, de danse et de musique interprété par de jeune figures du genre, récompensées pour beaucoup dans des festivals de premier plan. La salle étant petite, mieux vaut réserver. (☎954 560 670 ; casadelamemoria.es

La Semana Santa

Le visiteur détaché des rites chrétiens verra dans la Semaine sainte de Séville un spectacle magnifique et très bien organisé. Plus d'un million de personnes participent activement à ce grand montage baroque au cours duquel rien n'est laissé au hasard. Chacun connaît parfaitement son rôle, et personne ne déroge aux règles pour que tout fonctionne à merveille. Si incroyable que cela puisse paraître, tant les rues débordent de monde, c'est généralement sans incident que les autels (portés, selon leur taille, par 36 à 48 personnes, les *costaleros*) réalisent leur parcours.

La Semaine sainte dure en réalité dix jours, du *Viernes de Dolores* (vendredi de la Passion) au *Domingo de Resurrección* (dimanche de Pâques). La plupart des Sévillans l'attendent toute l'année avec impatience. Dès le lendemain de la clôture des festivités, on peut lire sur l'ardoise de certains bars :"Plus que 354 jours avant la Semaine sainte". C'est la célébration la plus importante de la ville. Durant ces quelques jours, Séville ne vit que par – et pour – ses processions, et le reste du monde cesse d'exister. Les visiteurs doivent avoir à l'esprit que pendant la semaine de la Passion du Christ, Séville se résume à ces festivités.

Le **Consejo General de Hermandades y Cofradías** (Conseil général des fraternités et confréries) de Séville gère les 71 confréries qui participent à la Semaine sainte. Chaque confrérie sort de son église et suit le "parcours officiel", le long duquel sont installées des loges pour le public, et retourne à son église après être passée par la cathédrale. Le parcours peut durer jusqu'à 14 heures, comme c'est le cas pour la confrérie du Cerro de Águila ; certaines processions comptabilisent jusqu'à 2 800 *nazarenos* (processionnaires), notamment la confrérie Jesús del Gran Poder, l'une des plus populaires, qui défile la nuit du jeudi, lors de la célèbre "Madrugá".Cette nuit-là marque le point d'orgue d'une tradition qui s'est consolidée au XVIe siècle sous l'impulsion du concile de Trente comme une démonstration de la foi catholique face à la "menace" protestante.

Les figures les plus vénérées défilent la nuit de la *madrugá*, notamment la Macarena et la Esperanza de Triana, deux Vierges "rivales". En effet, les Sévillans se rangent derrière l'une ou l'autre et prennent leur affiliation très au sérieux. Un peu comme pour les deux équipes de football de la ville : Betis et Sevilla.

calle Cuna 6 ; spectacles tarif plein/ réduit 18/10-15 € ; 19h30 et 21h tlj ; C5, 27 et 32)

Lobby

BAR-CLUB

30 PLAN P. 54, B4

Ce palais du XIXe siècle, propriété de la famille Pickman (fondatrice de l'usine de céramique La Cartuja), accueille un club aux multiples ambiances. On vient ici aussi bien pour se ressourcer à la bibliothèque que pour se trémousser au milieu des colonnes du patio. Un lieu de référence pour commencer ou finir la soirée en plein centre-ville. Le lieu programme régulièrement des concerts de pop-rock. (Calle Reyes Católicos 23 ; 16h-7h jeu-sam, juin-sept fermé ; C4, C5, 3, 40 et 41, M Puerta de Jerez)

Plaza de la Real Maestranza de Caballería

TAUROMAC

31 PLAN P. 54, C5

Ces arènes privées appartiennent à la Real Maestranza de Caballería un ordre de noblesse qui remonte au XIIIe siècle. Les travaux de construction du bâtiment actuel débutèrent en 1761, mais furent suspendus dix ans plus tard lorsq Charles III interdit la corrida, et ne reprirent qu'en 1881. La Couronne s'évertua à mettre un terme à la tauromachie pendant plus d'un siècle, mais les corridas continuèrent ; même inachevées, les arènes étaient complétées avec du bois et accueillaient des spectacles. Elles abritent le **Muse Taurino**. (954 210 315 ; corrida :

Plaza de la Real Maestranza de Caballería.

azadetorosdelamaestranza.com ; usée : realmaestranza.com ; paseo ɔlón 12 ; musée tarif plein/réduit 5 € ; 9h30-21h lun-dim mai-oct, 30-19h lun-dim nov-avr ; C4, C5, 3,) et 41, M Puerta de Jerez)

Shopping

rtesanía Textil

CHÂLES

PLAN P. 54, D3

epuis plus de 70 ans, cette maison ɔnfectionne à la main des châles n soie naturelle ou en crêpe, spirés de modèles des XVIIIe : XIXe siècles. Des pièces uniques ux coloris classiques ou originaux, e toutes les tailles et pour presque ɔutes les bourses. Possibilité e commandes. (954 215 088 ; tesania-textil.com ; calle García e Vinuesa 33 ; 9h30-20h lun-ven,)h-14h sam, fermé sam juil-août ; T1, C4, C5, 3, 40 et 41, Puerta de Jerez)

elimbo

GALERIE D'ART, MODE

3 PLAN P. 54, E2

dmirer une exposition d'art rbain ou de *post graffiti* et faire u shopping, voici quelques-unes es activités que vous propose ce aste espace collaborant avec des rtistes nationaux et internationaux. ɔut ce que l'on y trouve est en apport avec l'art. Des vêtements n édition limitée, des accessoires t même des *art toys*. Delimbo est nstallé dans le quartier de l'Altalfa, ui s'est lui-même surnommé Soho Benita et accueille des boutiques originales. (955 294 188 ; delimbo.com ; calle Pérez Galdós 1 Acc ; 11h-14h et 18h-20h mar-ven, sam 11h30-14h ; C5, 13 et 14)

La Campana

CONFISERIE

34 PLAN P. 54, D2

Depuis quatre générations, la famille Hernández insuffle un peu de douceur dans le quotidien des Sévillans et des visiteurs. Cette confiserie de style Art nouveau, ouverte depuis 1885, propose de tout, mais ses mets les plus prisés sont les *cervantinas*, le millefeuille au *turrón* et les rochers. (954 223 570 ; confiterialacampana.com ; calle Sierpes 1 et 3 ; 8h-22h dim-jeu, 8h-23h ven-sam, 8h-minuit lun-dim juin-sept ; C5, 13, 14, 27 et 32)

Caótica

LIBRAIRIE

35 PLAN P. 54, D1

Cette librairie reste le meilleur endroit pour commencer ses préparatifs avant un voyage, qu'il soit réel ou imaginaire. Elle a vu le jour en tant que coopérative grâce aux financements de micromécènes. Vous y trouverez toujours un vendeur aimable disposé à conseiller le lecteur. La librairie organise aussi des soirées, et bien d'autres activités. (955 541 966 ; caotica.es/es ; calle José Gestoso 8 ; 10h-14h et 17h-21h lun-sam, café 9h-21h30 lun-sam ; C5, 13, 14, 27 et 32)

Promenade à pied

Les patios : entre le public et l'intime

L'origine du patio remonte à la domus *romaine et à son atrium, où se trouvait l'*impluvium *(collecteur d'eau de pluie), élément fondamental de la construction, de forme carrée ou rectangulaire. Les Arabes héritèrent des Romains le concept de patio, qui a survécu au fil des siècles dans l'architecture andalouse. Le Sévillan Guillermo Vázquez Consuegra (prix national d'architecture en 2005) s'est chargé de sélectionner et de commenter les différents patios qui émaillent cette promenade.*

La promenade

Départ Real Fábrica de Tabacos ; M Puerta de Jerez

Arrivée Espacio Santa Clara ; C3, C4, 3 et 6

Distance et durée 4,5 km ; 5-6 heures

Casa de Pilatos.

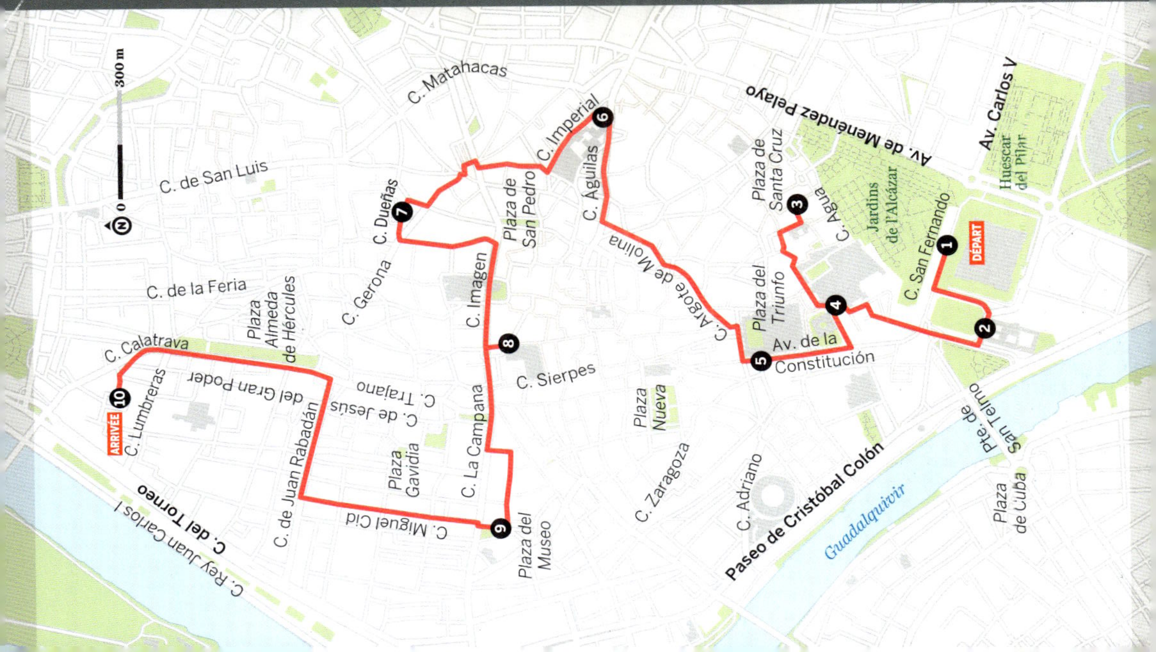
DÉPART
ARRIVÉE
0
300 m
C. Rey Juan Carlos I
C. del Torneo
C. Lumbreras
C. Calatrava
del Gran Poder
C. de Juan Rabadán
C. de Jesús
C. Trajano
Plaza Almeda de Hércules
C. de la Feria
C. de San Luis
C. Matahacas
C. Gerona
C. Dueñas
C. Imagen
C. La Campana
C. Miguel Cid
Plaza Gavidia
Plaza del Museo
C. Sierpes
Plaza de San Pedro
C. Imperial
C. Águilas
C. Argote de Molina
Plaza Nueva
C. Zaragoza
C. Adriano
Paseo de Cristóbal Colón
Guadalquivir
Plaza del Triunfo
Av. de la Constitución
Plaza de Santa Cruz
C. Agua
Jardins de l'Alcázar
Av. de Menéndez Pelayo
C. San Fernando
Av. Carlos V
Huescar del Pilar
Pte. de San Telmo
Plaza de Cuba

❶ Real Fábrica de Tabacos

L'austérité domine la Real Fábrica de Tabacos (p. 105), qui suit le modèle Renaissance de Juan de Herrera et constitue, sans doute, le meilleur exemple d'architecture industrielle espagnole du XVIIIe siècle. À la fois vaste et compacte, l'ancienne manufacture possède de nombreux patios de composition assez austère.

❷ Palacio de San Telmo

Selon les principes posés par Filarete à la Renaissance, le *patio de honor* forme, avec la magnifique façade et la chapelle, un axe qui joue un rôle-clé dans la composition du Palacio de San Telmo (p. 105). La galerie ouverte du rez-de-chaussée et les balcons du haut rappellent l'œuvre de Juan de Oviedo au couvent de la Merced (Museo de Bellas Artes).

❸ Hospital de los Venerable

Conçu par le maître baroque Leonardo de Figueroa, l'Hospital de los Venerables (p. 56) est organisé, comme San Telmo, autou d'un patio central dont l'intérieur e un espace noyé sous la végétation.

❹ Alcázar

Métaphore de la ville, l'Alcázar (p. 4 est comme un palimpseste qui se serait construit au fil des siècles, av un remarquable équilibre entre ses différents styles. Les patios ont joue un rôle-clé dans cette unité.

❺ Cathédrale

Le Patio de los Naranjos de la mosquée d'origine illustre bien sa condition de lieu de transition entre le public et le privé, à l'intérieur de la cathédrale (p. 44). Il n'est accessibl que durant la visite de l'ensemble.

Hospital de los Venerables.

Casa de Pilatos

plendide espace d'articulation
ntre le bâtiment et la rue, le patio
e la Casa de Pilatos (p. 56), de style
enaissance, abrite l'un des plus
eaux escaliers de la ville.

Palacio de las Dueñas

e patio central entouré d'un
ortique, avec deux niveaux
'arcades décorées de *yeserías*
plâtre ciselé) Renaissance et d'une
alustrade gothique, est le cœur
u Palacio de las Dueñas (p. 77).
e splendides jardins serrés entre
es murs entourent l'ensemble
es bâtiments.

Palacio de la Condesa e Lebrija

e Palacio de Lebrija (p. 57)
st une sorte de patchwork créé
u XIXe siècle. Ses patios ont été
reconstruits afin d'héberger
de magnifiques mosaïques romaines
provenant d'Itálica, ainsi qu'une
azulejería du XVIe siècle.

9 Museo de Bellas Artes

Au XVIIe siècle, Juan de Oviedo
a superbement structuré autour
du grand escalier les trois patios
principaux de l'ancien couvent
de la Merced, devenu depuis le
Museo de Bellas Artes (p. 50).

10 Espacio Santa Clara

L'ancien parvis de Santa Clara
(p. 77) est devenu une place
publique qui s'étend devant le
magnifique portique de l'église
et dessert un dédale d'espaces
ouverts et de bâtiments datant
d'époques très diverses. Seule
la première tranche des travaux
de restauration est achevée.

ISOGOOD_PATRICK/SHUTTERSTOCK ©

'alacio de las Dueñas.

Explorer
Macarena et Alameda de Hércules

Le quartier est devenu le paradis de l'alternatif à Séville. Sans perdre le charme populaire de la calle Feria, l'Alameda attire branchés et artistes. Les bars et restaurants design cohabitent avec les bars à tapas de quartier. Hercule, fondateur légendaire de la ville, veille sur elle du haut de sa colonne romaine.

Prenez le pouls du quartier à la Basílica de la Macarena (p. 79), sanctuaire de la Vierge la plus vénérée du pays. Après avoir vu la muraille almohade (p. 78), cap sur la calle San Luis pour visiter l'église baroque de San Luis de los Franceses (p. 78).

Les calles Socorro et Sol mènent à la plaza de los Terceros, où la taverne Los Claveles (p. 83) vous attend pour l'apéro avant d'aller dans le plus ancien bar de Séville, El Rinconcillo (p. 82). Puis cap sur la terrasse du Metropol Parasol (p. 78) et l'Antiquarium (p. 78) .

Dînez à El Eslava (p. 80) avant une tournée des bars dans l'Alameda de Hércules : commencez par le Habanilla (p. 83), puis le Corral de Esquivel (p. 83), pour finir au Fun Club (p. 84) et y faire la fête !

Comment y aller

Les lignes C5, 13 et 14 sont pratiques pour visiter l'Alameda de Hércules et Feria. Une fois dans le quartier, on peut tout faire à pied, y compris la Macarena, où passent les lignes C2, C4, 2, 13 et 14. Les lignes C3, C4, 3 et 6 passent dans l'Avenida Torneo.

Plan du quartier p. 76.

Puerta de la Macarena. ANIBAL TREJO/SHUTTERSTOCK ©

Promenade à pied

L'Alameda de Hércules

On ignore si, le soir venu, le légendaire Hercule aimait boire et se divertir pour se remettre de ses travaux exténuants. Ce qui est certain – que cela lui plaise ou non –, c'est que le fondateur mythique de la ville veille, du haut de sa colonne romaine, sur l'Alameda de Hércules, vaste boulevard devenu, ces vingt dernières années, un temple de l'hédonisme à ciel ouvert.

La promenade

Départ Alameda de Hércules

Arrivée Casa de Vizcaíno

Distance et durée 1,5 km ; 3 heures

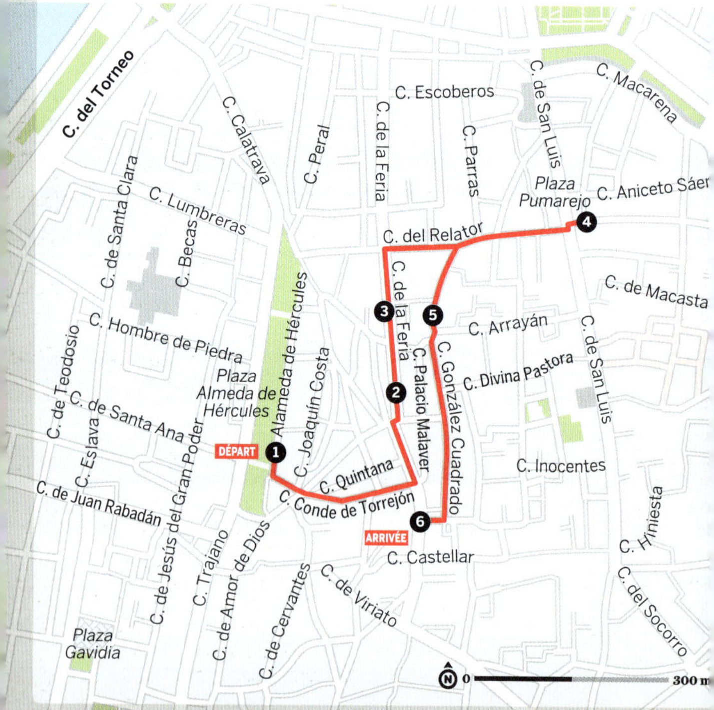

❶ Alameda de Hércules

toute heure du jour ou de la nuit, Alameda de Hércules est l'endroit éal pour se détendre autour d'un erre, puisque c'est sans conteste zone de Séville qui compte le us de bars et de restaurants. De zone résidentielle bourgeoise au uartier de prostituées, l'Alameda st passé par tous les stades, mais epuis l'Exposition universelle de 992, le quartier s'est transformé our devenir un temple des loisirs.

❷ Mercado de Feria

out le monde ne va pas faire ses ourses dans un édifice de 1719. e **marché de Feria** (calle Feria ; 8h-15h lun-sam ; C5, 13, 14) ompte parmi les coins les plus avoureux de la ville, pour ses roduits et sa bonne ambiance que on retrouve dans des bars comme a **Almadraba** (670 313 799 ; empl. 9-50 ; tapas 2,50-2,90 € ; 12h-16h t 20h-minuit mar-sam, 12h-16h dim, oût fermé), avec son grand choix de alaisons – celle de filet de thon de arbate est réputée – de conserves t de vins de Cadix.

❸ El Jueves

ous les **jeudis** (8h-16h jeu ; C5, 3, 14), à moins qu'il ne pleuve à erse, la calle Feria se transforme en narché aux puces. Les antiquaires, lont certains proposent de belles ièces, se mêlent aux brocanteurs, ux fripiers et aux marchands de vres ou de disques anciens. Les tals changent la physionomie du uartier durant toute la journée. Les rix sont négociables.

❹ Plaza Pumarejo

Nombre de palais construits dans le centre aux XVIIIe et XIXe siècles furent reconvertis en immeubles d'habitation, dans lesquels des familles s'entassaient dans une ou deux pièces et se partageaient les sanitaires. La plaza Pumarejo a conservé deux de ces bâtiments, dont la **Bodega Camacho** (plaza Pumarejo 3 ; 12h-16h et 20h-minuit lun-ven, 12h-16h30 sam, fermé août ; C5), qui sert de délicieuses tapas à base d'escargots.

❺ Palacio de los Marqueses de la Algaba

Les Sévillans sont parvenus à récupérer l'un des principaux édifices civils de la période mudéjare, qui était en ruine depuis des décennies. Le **palacio de los Marqueses de la Algaba** (955 472 097 ; plaza Calderón de la Barca 1 ; entrée libre ; 10h-14h et 18h-21h lun-ven et 10h-14h sam avr-oct, 10h-14h et 17h-20h lun-ven et 10h-14h sam nov-mars ; C5, 13,14) est aujourd'hui un centre d'art mudéjar, où est exposé le meilleur de la collection archéologique municipale.

❻ Casa Vizcaíno

Pour rien au monde, les amateurs d'apéritif ne manqueraient ce petit bar à la clientèle disparate. La **Casa Vizcaíno** (954 386 057 ; calle Feria 27 ; 10h-23h30 lun-ven, 10h30-16h sam et fêtes, 12h-16h dim, août fermé ; C5, 13,14) donne à boire à l'assoiffé et de la compagnie pour discuter à quiconque vient s'accouder au bar.

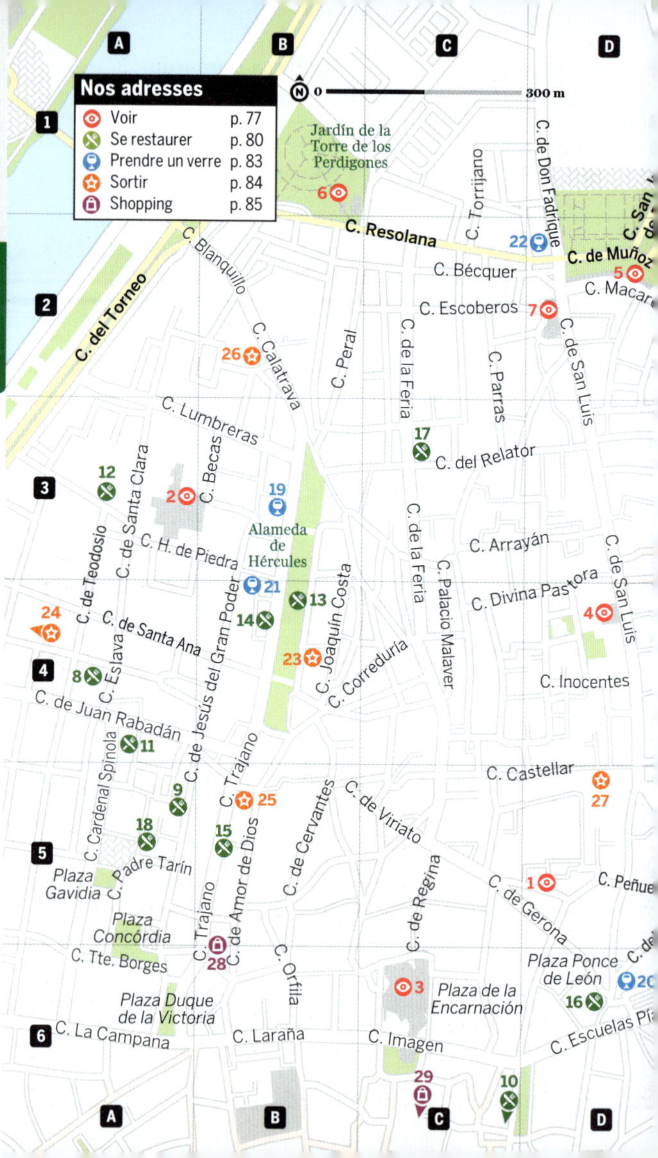
Nos adresses
Voir p. 77
Se restaurer p. 80
Prendre un verre p. 83
Sortir p. 84
Shopping p. 85
0 300 m
A
B
C
D
1
2
3
4
5
6
Jardín de la Torre de los Perdigones
C. Resolana
C. Torrijano
C. de Don Fadrique
C. de Muñoz
C. Bécquer
C. Escoberos
C. Blanquillo
C. del Torneo
C. Calatrava
C. Peral
C. de la Feria
C. Parras
C. de San Luis
C. Lumbreras
C. del Relator
C. Becas
C. de Santa Clara
C. H. de Piedra
Alameda de Hércules
C. Arrayán
C. Divina Pastora
C. Palacio Malaver
C. de Teodosio
C. de Santa Ana
C. Joaquín Costa
C. Correduría
C. Inocentes
C. Eslava
C. de Jesús del Gran Poder
C. de Juan Rabadán
C. Cardenal Spinola
C. Trajano
C. Castellar
C. de Cervantes
C. de Viriato
C. Padre Tarín
Plaza Gavidia
C. de Amor de Dios
C. de Regina
C. de Gerona
C. Peñue
Plaza Concórdia
C. Tte. Borges
C. Orfila
Plaza Ponce de León
Plaza de la Encarnación
Plaza Duque de la Victoria
C. La Campana
C. Laraña
C. Imagen
C. Escuelas Pí
1 2 3 4 5 6 7 8 9 10 11 12 13 14 15 16 17 18 19 20 21 22 23 24 25 26 27 28 29

'oir

alacio
e Las Dueñas PALAIS, MUSÉE

PLAN P. 76, D5

ı 2016, la fondation Casa de
ɔa a ouvert au public le Palacio
· las Dueñas, résidence favorite
: la duchesse Cayetana Fitz-
mes Stuart, décédée à Séville
ı 2014. Cet ensemble édifié au
/e siècle par la famille Pineda a
ınservé des vestiges de son style
ıthico-mudéjar d'origine, mais son
pect actuel est majoritairement
ənaissance. La visite des salons
ɛrmet d'admirer des œuvres de
ısé de Ribera, Annibal Carrache
ı Sofonisba Anguissola, tandis
ıe les jardins exquis résonnent
ıcore des vers du grand poète
Antonio Machado, qui vit le jour dans ce palais dont son père était l'administrateur : "Mon enfance, ce sont des souvenirs d'un patio de Séville et un clair jardin où mûrit le citronnier...", un arbre toujours cultivé à Las Dueñas. (954 214 828 ; lasduenas.es ; calle Dueñas 5 ; tarif plein/réduit 10/8 €, lun non férié entrée libre à partir de 16h ; 10h-20h lun-dim avr-sept, 10h-18h lun-dim oct-mars ; C5, 11, 12, 24, 27 et 32)

Espacio Santa Clara CENTRE CULTUREL

2 PLAN P. 76, A3

Habité du XIIIe siècle, époque à laquelle il s'agissait d'un palais almohade, à 1996, année où il fut déserté par les dernières clarisses, cet ancien couvent est un véritable

trée du Salón de la Gitana, au Palacio de Las Dueñas.

labyrinthe architectural. Même si un tiers seulement de ses 8 500 m² ont été restaurés, cet espace conjugue l'esprit d'un monastère mudéjar et Renaissance et une activité de centre culturel, avec des expositions et des prestations scéniques, comme des pièces de théâtre, des concerts, du flamenco... Renseignez-vous sur les tarifs par téléphone. Depuis 2019, la salle **Luis Gordillo** (10h-14h et 17h-20h mar-sam, 10h-14h dim et jours fériés) présente l'ensemble des œuvres que l'artiste sévillan a donné à la ville. (955 471 302 ; calle Becas ; entrée libre ; 10h-19h30 mar-sam, 10h-15h dim et fêtes ; C3, C4, 3 et 6)

Antiquarium y Metropol Parasol SITE ARCHÉOLOGIQUE, MARCHÉ

3 PLAN P. 76, C6

Les fouilles menées avant la construction du Metropol Parasol ont permis d'exhumer treize siècles d'histoire sévillane, des Romains aux Almohades. Un ensemble spectaculaire, qui inclut notamment les puits d'une fabrique romaine de salaisons du Ier siècle, des villas avec plus de trente mosaïques et même une maison du XIIIe siècle. Au-dessus du site se dressent les Setas ("champignons"), surnom que les Sévillans ont donné au Metropol Parasol, qui a suscité la polémique lors de sa construction. La grande structure conçue par Jürgen Mayer a vu le jour en 2011 et abrite le mercado de la Encarnación (8h-15h lun-sam), une grande terrasse panoramique et un bar. (Mirador : plaza de la Encarnación ; tarif plein/réduit 3 €/gratuit ; 9h30-23h dim-j 9h30-23h30 ven-sam ; C5, 27 et 3 Antiquarium : 955 471 580 ; plaza la Encarnación ; tarif plein/- 16 ans 2 gratuit ; 10h-20h mar-sam, 10h-14 dim ; C5, 27 et 32)

San Luis de los Franceses ÉGL

4 PLAN P. 76, D4

Émouvoir, c'est ce à quoi prétenda le grand architecte baroque Leonardo de Figueroa en érigeant Saint-Louis-des-Français. Le site, fondé par les Jésuites en 1731, a été, au fil du temps, un hôpital, un usine et un hospice, avant d'ouvrir au public après de grands travaux de réhabilitation. Aujourd'hui, on y propose des visites guidées. Désacralisée, l'imposante église conserve les retables de Pedro Duque Cornejo, une chapelle et ur crypte. (954 550 207 ; dipusevilla.e calle San Luis 37 ; tarif plein/réduit 4/2 entrée libre dim après-midi ; 10h-14h et 16h-20h mar-dim, 10h-14h et 18h-22 mar-dim juil et août ; C4, 1 et 13)

Muraille almohade ARCHITECTU

5 PLAN P. 76, D2

En contemplant les tours et les pans de remparts encore debout dans la Macarena et aux environs de l'Alcázar, le voyageur pourra se représenter les fortifications de la ville au XIIe siècle, époque à laquell fut édifiée la muraille almohade. (calle Parlamento de Andalucía et call Muñoz León ; C2, C4, 2, 10, 13 et 14

·rre ·los Perdigones CHAMBRE NOIRE

PLAN P. 76, B1

›partenant jadis à la fonderie San ancisco de Paula, cette tour de ; m , située dans un parc, servait 'abriquer de plombs de chasse erdigones*), obtenus en laissant mber des gouttes plomb liquide ıns des cribles, du four du dernier age jusqu'au rez-de-chaussée. e abrite désormais une chambre ›ire qui permet d'"espionner" la ∍ du quartier, ainsi qu'un mirador ec un accès indépendant (entrée €). On y accède en ascenseur. ≀staurant sur place. (679 1 073 ; torredelosperdigones.com ; lle Resolana 41 ; adulte/enfant 12 ans 5/2,50 € ; 11h-17h mar-dim ; C1, C2, C3, C4 et 2)

Basílica de la Macarena ÉGLISE, MUSÉE

7 PLAN P. 76, D2

Contempler l'image de la Virgen de la Esperanza Macarena, sculpture anonyme du XVIIe siècle, est une expérience inoubliable. La basilique de 1941 est fidèle au plus pur style baroque. Le musée présente les différents habits et bijoux de la Vierge de la Macarena, qui compte parmi les plus révérées de la Semaine sainte – les fidèles crient *¡Guapa!* ("la Belle !") lors des processions de la "Madrugá". (954 901 800 ; calle Bécquer 1 ; musée tarif plein/réduit 5/3 € ; 9h-21h lun-dim ; basilique 9h-14h et 18h-21h lun-dim juin-14 sept, 9h- 14h et 17h-21h, 15 sept-mai ; C2, C4, 2, 13 et 14))

érieur de la Basílica de la Macarena.

Se restaurer

Eslava

ANDALOU €€

8 PLAN P. 76, A4

Personne n'oublie son passage dans ce haut lieu des tapas où il est difficile de trouver une place libre. Le secret : des produits andalous de première qualité, une bonne dose d'imagination et beaucoup d'amour. Le choix est vaste : l'œuf et sa galette aux cèpes, l'artichaut et ses morceaux de cabillaud, et le dessert de la maison, la glace au fromage, sont quelques-unes des meilleures tapas. Pour vous restaurer dans une ambiance plus tranquille, réservez au restaurant annexe. (954 906 568 ; www.espacioeslava.com ; calle Eslava 3 ; tapas 2,90-4,50 €, plats 14-27 € ; déj et dîner mar-sam, déj dim ; C3, C4, 6 et 3)

La Azotea

GASTROBAR €€

9 PLAN P. 76, A5

Sa cuisine de créateur, avec un grand choix de délicieuses tapas, a fait de cette adresse l'un des bars de référence de Séville. Le succès est tel que l'adresse compte aujourd'hui plusieurs annexes. Le petit dernier, calle Conde Barajas 13, est un lieu coquet doté d'un bar à cocktails ouvert à partir de 17h. Dans la même rue, vous verrez l'épicerie du même nom. Les deux autres adresses se trouvent calle Zaragoza et calle Mateos Gago. Cette dernière est plus grande et dispose de quelques tables dans la rue. (955 116 748 laazoteasevilla.com ; calle Conde de Barajas 13 ; tapas 3-8 €, plats 12-22 € ; déj et dîner lun-dim ; call Zaragoza 5 ; 954 564 316 ; déj et dîner lun-dim ; 955 189 326 ; Abacería (épicerie), calle Conde de Barajas 12, déj et dîner lun-dim calle Mateos Gago 8 ; 954 215 878 petit-déj, déj et dîner lun-dim ; C3, C4, 6 et 3)

Bache San Pedro

GASTROBAR

10 PLAN P. 76, C6

Le chef Ale Alcántara, originaire de Cadix, s'est formé au sein d'établissements prestigieux avar d'ouvrir son propre restaurant à Séville en 2017. Il revisite les saveurs de la mer et du terroir local. Le lieu, avec ses nappes à carreaux bleus, jouit d'un grand succès depuis que l'ancien président américain Barack Oban y a mangé en avril 2019. Tapas de grande qualité et tables dans la ru (954 502 934 ; bachesanpedro.cor pl. Cristo de Burgos 23 ; tapas 3,50-5,50 € ; portions 6-14 € ; déj et dîn lun-dim ; C5, 27 et 32)

Az-Zait

FUSION MÉDITERRANÉEN €€

11 PLAN P. 76, A4

La cuisine créative est ici à base de produits traditionnels. La décoration est chargée, il y a même des peintures d'inspiration pompéienne. La carte comprend des plats végétariens, sans lactose et sans gluten, un menu enfants, et trois menus dégustation au choix. La réservation

’héritage de l’Expo ’92

Jusqu’en 1990, deux ans avant que Séville n’accueille l’Exposition ıniverselle de 1992, un mur parallèle à l’avenida Torneo cachait e Guadalquivir, dont les eaux polluées nauséabondes étaient lifficilement supportables l’été. De même, l’Alameda de Hércules était un lieu peu recommandable, où évoluaient proxénètes et prostituées, et les alentours de la Torre de los Perdigones essemblaient à de véritables bidonvilles. La ville tout entière a profité de la célébration de l’Expo ’92, mais ce sont le quartier de la Macarena et la zone de l’Alameda qui ont le plus profité de leur proximité avec l’Isla de la Cartuja, où se tenait l’événement.

Le film *Groupe d’élite*, tourné en 2012 par le Sévillan Alberto Rodríguez, avec Antonio de la Torre et Mario Casas, offre un portrait réaliste de ces années. Le scénario, reposant sur des faits éels, narre la mission d’une section spéciale de la police chargée de “nettoyer” le centre de la ville avant l’Expo ’92.

t indispensable. (954 906 475 ; w.azzait.eatbu.com ; pl. San enzo 1 ; plats 16,75-22,75 €, menus gustation 35-48 € ; déj et dîner -lun, dîner mar et mer, fermé juil ; C3, C4, 3 et 6)

asa Manolo León ANDALOU €€

PLAN P. 76, A3

ette somptueuse demeure articule autour d’un patio frais luxuriant, chauffé en hiver, ii offre un cadre idéal pour goûter x recettes andalouses typiques les que les haricots blancs aux lourdes et aux gambas, ou les tichauts braisés. Parfait pour ı dîner en amoureux. Service agréable. (954 373 735 ; www. anololeon.com ; calle Guadalquivir 8 ; ats 12,90-24 € ; déj et dîner lun-n ; C3, C4, 3 et 6)

El Aljibe MÉDITERRANÉEN, FUSION €€

13 PLAN P. 76, B4

Cet élégant bar-restaurant occupe une maison typique de l’Alameda, avec son porche foisonnant de plantes à l’entrée. Au menu, une cuisine méditerranéenne qui se décline dans des plats orientaux et latino-américains, à déguster, aux beaux jours, sur la terrasse au dernier étage. (954 900 591 ; www. restaurantealaljibe.com ; Alameda de Hércules 76 ; tapas 3,80-6 €, plats 8-17 € ; déj et dîner lun-dim ; C5, 13 et 14)

El Disparate GASTROBAR, TAPAS €€

14 PLAN P. 76, B4

Au rez-de-chaussée de l’hôtel The Corner House, le petit frère d’El Gallinero de Sandra (ci-après) propose un service continu de 13h30 à 23h30. La carte affiche des plats alléchants tels que le risotto de courge au magret de canard, tandis que la cave renferme quelques bouteilles du Marco de Jerez. Le chaleureux bar de la terrasse est ouvert l'après-midi. (☎680 127 413 ; thecornerhousesevilla.com ; Alameda de Hércules 31 ; plats 8,50-14 € ; ⌚petit-déj, déj et dîner lun-dim ; 🚌C5, 13 et 14)

El Gallinero de Sandra

MÉDITERRANÉEN **€€€**

15 **PLAN P. 76, B5**

Le "poulailler de Sandra" traite ses clients comme des coqs en pâte dans un décor raffiné. Les plats de riz (différentes préparations) sont les stars de la carte, mais les œufs frits fermiers sont aussi très prisés. Mieux vaut réserver. (☎95 909 931 ; www.elgallinerodesandra.e paseo Esperanza Elena Caro 2 ; plats 18,50-24 €, menu dégustation 60 € ; ⌚déj et dîner mar-sam, déj dim déc 🚌C5, 13 et 14)

El Rinconcillo.

GONZALO AZUMENDI ©

El Rinconcillo

ANDALOU

16 **PLAN P. 76, D6**

Une visite incontournable pour deux raisons : parce que c'est le plus ancien bar de Séville (167C et pour ses épinards aux pois chiches. L'ancienne bodega est aujourd'hui un restaurant, avec un bon choix de charcuteries de la sierra de Huelva. Lé reservatior est indispensable. (☎954 223 183 elrinconcillo.es ; calle Gerona 40 ; tap 2,30-4,50 €, plats 6,50-25 € ; ⌚déj dîner lun-dim ; fermé 1er-15 août ; 🚌C5, 27 et 32)

Pasos Largos

ANDALOU, TAPAS

17 **PLAN P. 76, C3**

L'esprit du bandit Pasos Largos s'épanouit dans cet établissemen spécialisé dans les ragoûts maiso et les produits à base de porc ibérique de la sierra de Huelva. Chaque jour de la semaine a son plat en sauce : *cocido serrano* le mercredi et, le vendredi, les *judion* (haricots blancs) de La Granja. La salle est spacieuse, lumineuse, et l'atmosphère, agréable. (☎642 331 932 ; calle Feria 117 ; tapas 2,90-4,80 €, plats 9-18 € ; ⌚déj et dîner mar-sam, déj dim ; 🚌C5, 13 et 14)

rabanda MÉDITERRANÉEN €

PLAN P. 76, A5

ci une adresse sans prétention l'on mange bien, notamment 'on opte pour la célèbre *calibada* (aubergines et poivrons ıges cuits au four, arrosés d'huile live), la pancetta confite, le vé de porc ibérique au four ou core le tiramisu. Dîner à partir 19h. L'ambiance est très niliale. (954 903 080 ; www. abandasevilla.com ; calle Padre ín 6 ; plats 9-18 € ; déj et dîner -dim, fermé sam-dim juil-août ; C5, 13, 14, 27 et 32)

rendre un verre

orral de Esquivel BAR

PLAN P. 76, B3

ndé à toute heure de la journée, t établissement aspire à être peu plus qu'un simple bar prendre un verre. Ses murs cueillent d'intéressantes positions, et, surtout en été, terrasse compte parmi les plus imées de la ville. (954 374 385 ; ameda de Hércules 39 ; 8h30-2h n-jeu, 9h30-3h ven-sam ; C5, 13 14)

os Claveles BAR

PLAN P. 76, D6

uvert en 1841 en tant que dega – ce dont attestent les ulejos publicitaires qui bordent n entrée –, cet établissement a conservé l'authenticité. serait dommage de passer à côté du *completo*, petit canapé à base de *secreto* de porc, de jambon et d'œuf de caille (3 €). (654 512 973 ; facebook.com/ losclavelessevilla ; plaza de los Terceros 15 ; 7h-minuit lun-ven, 10h-minuit sam, 10h-17h dim ; C5)

El Barón Rampante BAR

21 PLAN P. 76, B4

C'est l'un des premiers bars gays du quartier, qui a su gagner une clientèle fidèle parmi laquelle on trouve aussi de nombreux hétéros. D'ailleurs, de nombreux autres bars du même genre ont ouvert alentour. Le dimanche, spectacle de flamenco gratuit pour tout le monde ! (20h oct-mai). La grande terrasse s'anime une fois la nuit tombée. (647 249 537 ; facebook. com/elbaronrampantealameda ; calle Arias Montano 3 ; 15h-2h lun-dim oct-mai, 19h-2h lun-dim juin-sept ; 13 et 14)

Alamedeando

Pour apprendre à connaître le quartier, vous pouvez réaliser une tournée de ses meilleurs bars (un "pèlerinage", comme disent les Espagnols), qui vous permettra de rencontrer des Sévillans. En effet, ces derniers sont très ouverts, enthousiastes et volubiles, et n'hésitent pas à entamer la conversation avec leurs compagnons de comptoir.

Bar Plata

CAFÉ €

22 PLAN P. 76, D2

Ce bar est connu depuis plus d'un siècle pour ses délicieuses tartines de jambon ibérique sur du pain à l'huile d'olive, ainsi que, pour les plus gourmands, son *chocolate con churros*. L'emplacement, en face de l'*arco* de la Macarena, contribue à sa popularité. (954 371 030 ; calle Resolana 2 ; petit-déj 1,25-6 € ; petit-déj, déj et dîner tlj ; C2, C4, 2, 13 et 14)

Sortir

Fun Club

MUSIQUE LIVE

23 PLAN P. 76, B4

Toujours actif et avec la même philosophie depuis 1987. Facilitant la proximité avec les artistes, la salle, intime, a vu passer le plus intéressant du paysage rock et pop espagnol. (636 669 023 ; www.funclubsevilla.com ; Alameda de Hércules 86 ; entrée libre, concert 5-10 €; minuit-7h jeu-sam, concer 21h30 ; 13 et 14)

Terrasse du Barón Rampante.

GONZALO AZUMENDI ©

Malandar

CLUB, MUSIQUE L

24 PLAN P. 76, A4

C'est l'une des salles de concert les plus prisées d'Andalousie. La programmation est éclectique, il y en a donc pour tous les goûts : de Nacho Vegas à O'Funkillo, en passant par Fuel Fandango. Les soirs où il n'y a pas de concert, la salle devient discothèque. En avar pour la fiesta ! (www.salamalandar.com ; calle Torneo 43 ; jeu gratuit, ver et sam 7 € avec conso, concerts 7-20 minuit-7h jeu-sam, concerts à part de 21h ; C3, C4, 3 et 6)

Men to Men

DISCO-BAR G

25 PLAN P. 76, B5

La tanière des *bears* de la ville est aussi ouverte au reste de la communauté homosexuelle. De septembre à mai, le vendredi et le samedi à partir de minuit, venez admirer les performances des drag-queens (gratuit). Le wee end, la partie discothèque est animée par les DJ résidents. Cette adresse est réservée aux hommes. (672 664 455 ; www.mentomenbar.blogspot.com ; calle Trajano 38 ; entrée sam 7 € avec consommation ; 22h30-3h dim-jeu et dim, 22h30-4h30 ven-sam ; C5, 13, 14, 27 et 32)

atro Alameda ENFANTS

PLAN P. 76, B2

s spectacles de musique et de
âtre pour les plus petits toute
nnée, avec des séances réservées
x scolaires et d'autres ouvertes à
s, comme la Feria Internacional
Títere (Festival international de
rionnettes), qui est célébré en
i depuis 1980 et occupe la rue
si que d'autres scènes. Certains
ectacles sont également destinés
x adultes. (955 474 494 ; www.
troalamedasevilla.org ; calle
dito 13 ; adulte/enfant 7/4 € ;
18h sam spectacle tout public ;
te du programme en ligne ; C1,
3, 6, 13 et 14)

Pata Negra FLAMENCO

PLAN P. 76, D5

ur les novices du flamenco
veulent découvrir cet art de
nière originale, il y a De Pata
gra. L'équipe de choc, composée
ne charcutière sévillane, d'une
nseuse et d'un guitariste,
pose de vous initier à la théorie
à la pratique du flamenco, tout
dégustant du jambon ibérique,
manchego et du vin de Jerez. En
eure 30, les heureux participants
prennent plein les yeux et plein
papilles. Le local se trouve
ns un bâtiment où cohabitent
isans et artistes professionnels.
627 291 326 ; calle Castellar 52,
ıralones de Artesanos, taller 24 ;
x. 12 pers, tarif plein/enfant
/28 € ; 19h30 jeu-sam, consulter
les horaires, fermé jan, juil, août et déc ;
C5, 10, 11, 12, 14, 20, 24, 27 et 32)

Shopping

Pan conTomate MODE, DISQUES

28 PLAN P. 76, B5

Colliers pour briller en soirée, sacs, mode décontractée... Cette boutique amusante vend un choix original de vêtements et d'accessoires pour presque toutes les bourses (elle possède un second espace sur la calle Águilas 3). En face, les mêmes propriétaires ont ouvert **Latimore Records** (calle Amor de Dios 4), qui propose une belle collection de vinyles, dont de vieux titres. (954 905 041 ; facebook.com/PanConTomate20 ; calle Amor de Dios 3 ; 10h30-14h et 17h-21h lun-sam ; C5, 13 et 14)

La Seta Coqueta MODE

29 PLAN P. 76, C6

Ses portants accueillent d'audacieuses créations de stylistes locaux, des prototypes pour la plupart, néanmoins abordables. Entre les sacs en édition limitée et les accessoires se glissent aussi de petites œuvres de jeunes artistes. Un pari sur le commerce responsable et l'artisanat. (955 518 384 ; www.lasetacoqueta.com ; calle Don Alonso el Sabio 14 ; 10h30-14h et 17h30-21h lun-ven juin-sept, 10h30-14h et 17h-20h30 lun-ven oct-mai, 11h-14h30 sam ; C5, 27 et 32)

Explorer

Triana

Jadis, Séville et Triana étaient deux villes distinctes séparées par le Guadalquivir, réunies pour la première fois par un pont flottant au XIIe siècle, puis en 1852 grâce au pont Isabel II (surnommé puente de Triana). Mais les habitants du quartier de Triana le qualifient toujours fièrement de "république indépendante".

Traverser le Guadalquivir par le pont Isabel II (p. 91) est une belle façon de commencer la journée. De l'autre côté se trouve le Castillo de San Jorge (p. 91), siège du tribunal de l'Inquisition. Après avoir ravivé ce sombre passé, une pause au María Trifulca (p. 96) à la vue enchanteresse, vous revigorera. De la plaza del Altozano prenez la calle Pureza pour découvrir la Capilla de los Marineros (p. 91) demeure de la "reine" de Triana : Nuestra Señora de la Esperanza.

Dans cette même rue, visitez la "cathédrale" de Triana, l'Iglesia de Santa Ana (p. 91). Pour l'apéritif, faites une halte à la Bodega Siglo XVIII (p. 97), installée dans un ancien palais. Pour déjeuner au bord du fleuve, Lola Cazerola (p. 96) est parfait. Poursuivez votre découverte du quartier calle de San Jacinto, rue flanquée de maisons typiques comme la Casa Mensaque, puis calle Antillano Campos, où le restaurant Las Golondrinas (p. 95) est une excellente adresse pour le dîner.

Comment y aller et circuler

Bus Les lignes C1, C2 et C3 sillonnent le quartier de Triana. Les lignes 5, 6, 40 et 43 circulent aussi le long des rues principales. Nombre de rues les plus étroites sont piétonnes.

M Métro La ligne 1 marque un arrêt plaza de Cuba, où débouche la calle Betis.

Plan du quartier p. 90.

Calle Betis, dans le quartier de Triana. JON CHICA/SHUTTERSTOCK ©

Promenade à pied

Journée au marché et soirée dans la calle Betis

S'il existe bien un luxe à portée de tous, c'est celui de flâner dans Triana : faire son marché parmi les étals colorés, chiner dans les boutiques de céramiques, descendre vers le Guadalquivir en passant par le sinistre Callejón de la Inquisición ou lézarder en terrasse... En un mot, profiter du quartier comme le font les Trianeros !

La promenade

Départ Mercado de Trian

Arrivée Calle Betis

Distance et durée
1,2 km ; 2 heures

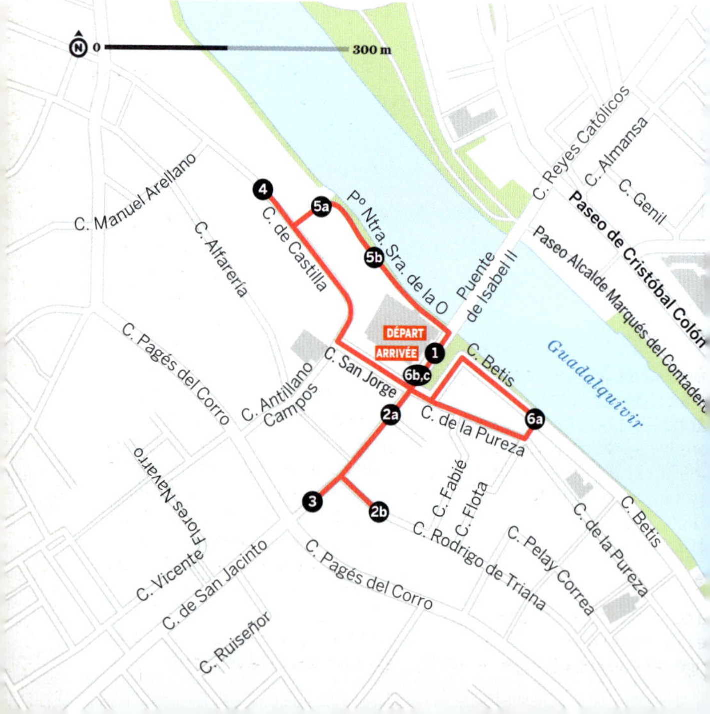

Mercado de Triana

ême sans prévision d'achat, couvrir l'atmosphère de ce arché, se laisser enivrer par ses eurs et écouter les marchands nter leurs produits est un plaisir soi. Le **marché de Triana** (plaza l Altozano ; 7h-15h lun-sam ; C4, C5, 3, 40, 41 et 43) englobe s ruines du Castillo de San Jorge, ège de l'Inquisition (p. 91).

Balade dans San Jacinto

ègne une ambiance de village ans ce quartier : les habitants se nnaissent, se saluent et aiment artager un moment dans l'un s nombreux bars. L'**Altozano Triana** (656 886 925 ; calle San cinto 4 ; 13h-17h et 20h-minuit ar-sam, 13h-17h dim, fermé août ; C3, 40 et 43) institution locale putée pour sa salade de crevettes la Bodega **Vargas** (calle Rodrigo Triana 8 ; 12h-16h et 20h-minuit n-sam, 12h-17h dim ; C3, 40 et 43), our ses plats cuisinés.

Capilla de la Estrella

ès révérée, la statue de la Virgen la Estrella (XVIIe siècle), œuvre tribuée à Luisa Roldán est visible ans la **capilla de la Estrella** 954 332 186 ; hermandad-estrella. g ; calle San Jacinto 41 ; 10h-13h30 18h-21h lun-sam, 10h-13h30 dim ; C1, C2, C3 et 40).

Nuestra Señora de la O

a confrérie de Nuestra Señora e la O, fondée au XVe siècle, a rigé cet édifice entre 1697 et 1702, un temps record (954 334 485 ; calle Castilla 30 ; 10h-13h30 et 18h-20h30 lun-dim oct-mai, 10h-13h30 et 19h-21h lun-dim mai-sept ; C3 et 43). Dans l'église, ne manquez pas l'œuvre de Pedro Roldán, *Jésus portant la Croix* (1685).

5 Callejón de la Inquisición

Pour celui qui était soupçonné d'hérésie, passer sous l'arche de cette ruelle, par laquelle on accédait au Castillo de San Jorge, était le prélude à une longue période d'emprisonnement (et la sortie menait au bûcher). Aujourd'hui, l'arche conduit au paseo de Nuestra Señora de la O et son **Paseo de Arte** (9h-14h sam et dim), un marché artisanal.

6 Vue de rêve depuis la calle Betis

Contempler le crépuscule assis en terrasse dans cette rue est un spectacle de toute beauté. Séville est magnifique depuis cette rive du fleuve. Au marché de Triana, la **Casala Teatro** (651 643 455 ; casalateatro.com ; empl 11 et 12 ; tarif plein/7-12 ans 20/12 € ; 20h lun-dim ; C4, C5, 3, 40, 41 et 43) propose un spectacle de flamenco à un public réduit de 28 personnes, et d'autres types de représentations le week-end. Tant que vous êtes au marché, passez au stand **Ostras & Sushi de Mercado** (692 096 242 ; empl 61 et 62 ; huîtres 1,90-4,10 € ; 11h-17h et 20h-23h30 lun-ven, 11h-minuit sam, 11h-16h30 dim), qui vaut lui aussi le détour.

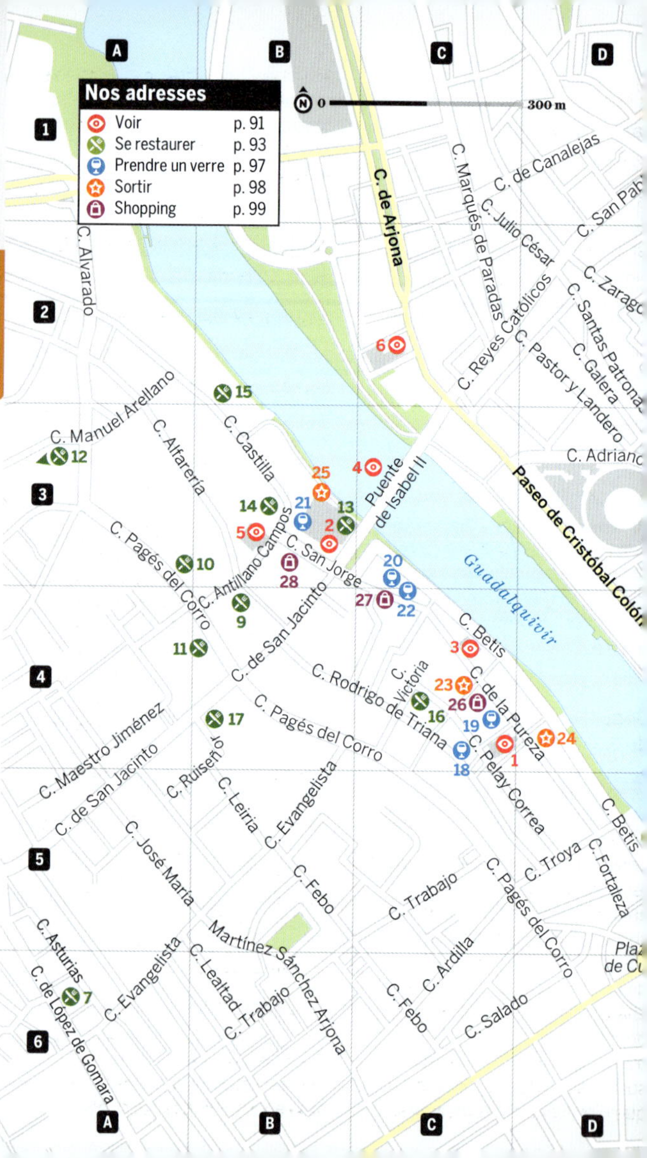
Nos adresses
Voir p. 91
Se restaurer p. 93
Prendre un verre p. 97
Sortir p. 98
Shopping p. 99
0 300 m
A
B
C
D
1
2
3
4
5
6
C. Alvarado
C. de Arjona
C. Marqués de Paradas
C. de Canalejas
C. Julio César
C. San Pab
C. Reyes Católicos
C. Zarago
C. Santas Patrona
C. Pastor y Landero
C. Galera
C. Adriano
Paseo de Cristóbal Colón
Guadalquivir
Puente de Isabel II
C. Manuel Arellano
C. Alfarería
C. Castilla
C. Pagés del Corro
C. Antillano Campos
C. San Jorge
C. de San Jacinto
C. Betis
C. Victoria
C. Rodrigo de Triana
C. de la Pureza
C. Pelay Correa
C. Maestro Jiménez
C. Ruiseñor
C. Leiria
C. Evangelista
C. Febo
C. José María Martínez Sánchez Arjona
C. Trabajo
C. Troya
C. Fortaleza
C. Ardilla
C. Salado
C. Asturias
C. de López de Gomara
C. Lealtad
Plaz de Cu
1
2
3
4
5
6
7
9
10
11
12
13
14
15
16
17
18
19
20
21
22
23
24
25
26
27
28

Voir

anta Ana ÉGLISE

PLAN P. 90, C4

a Real Iglesia de Santa Ana, érigée
ır ordre d'Alphonse X en 1266,
st surnommée la "cathédrale" de
iana. Premier édifice religieux
avoir été bâti ex nihilo à Séville
orès la Reconquête, cette église fut
une des étapes de la procession
es confréries de Triana durant la
emaine sainte jusqu'en 1830. De
tyle gothico-mudéjar, elle a subi
lusieurs remaniements. Le retable
rincipal est orné de 15 peintures
ur bois (1550-1556) de Pedro
e Campaña, considérées comme
es plus belles œuvres. (954
70 885 ; calle Vázquez de Leca 1 ; 2 € ;
10h30-13h30 et 16h30-19h lun-jeu,
1h-13h30 et 16h30-19h ven, juil le matin,
ermé août, consulter les horaires des
ffices ; C3, 40 et 43)

astillo le San Jorge MUSÉE, CENTRE CULTUREL

PLAN P. 90, B3

Ce château médiéval servit
le siège à l'Inquisition et de
prison entre 1481 et 1785. Ce qu'il
reste de ses fortifications est
aujourd'hui devenu – ironie du
sort – le Centro Temático de la
Tolerancia (Centre thématique
de la tolérance). Les ruines du
château, démoli au XIXe siècle
pour faire place au marché, ont été
transformées en lieu de réflexion
sur les abus du pouvoir. Avant
que n'arrivent les inquisiteurs,
le château avait été une forteresse musulmane autour de laquelle se forma, dès le Xe siècle, le faubourg de Triana. Le site accueille des spectacles et des expositions. (954 332 240 ; visitasevilla.es ; plaza del Altozano ; entrée libre ; 11h-17h30 mar-sam, 10h-14h30 dim e fêtes ; C4, C5, 3, 40, 41 et 43)

Capilla de los Marineros ÉGLISE

3 PLAN P. 90, C4

Fondée par la corporation des céramistes en 1418, la Hermandad de la Esperanza de Triana n'a eu de chapelle propre pour héberger ses effigies qu'en 1815 (elles étaient jusqu'alors disséminées dans différents lieux de culte). Néanmoins, la confrérie dut déménager encore une fois durant la révolution de 1868 et ne put récupérer cet édifice avant 1962. La chapelle est consacrée à la *Virgen de la Esperanza* (*Vierge de l'Espérance* ; 1816), sculpture de Juan de Astorga et retravaillée par Juan Ordóñez, qui est devenue l'emblème de Triana, ainsi qu'au *Cristo de las Tres Caídas* (*Christ des trois chutes*), du XVIe siècle. (954 332 645 ; esperanza-de-triana.es ; calle Pureza 53 ; 10h-13h30 et 18h-21h30 lun-sam, 10h-14h et 18h-20h30 dim ; C3, 40 et 43)

Puente de Isabel II ARCHITECTURE

4 PLAN P. 90, C3

Pour rejoindre Séville à pied, les Trianeros ont dû attendre 1171, année où les Almohades firent une passerelle en bois posée

La Velá de Santa Ana

C'est la fête espagnole dans toute sa splendeur, avec affiches, discours, concerts, rencontres sportives… et les *casetas* où manger et prendre un verre le long de la calle Betis qui borde le Guadalquivir avec son imposant *murallón* du XVIIIe siècle, ainsi que sur la plaza del Altozano. Cette fête trouve son origine dans une fête patronale organisée au XIIIe siècle autour de la Real Iglesia de Santa Ana. De nombreuses fêtes de ce type avaient lieu dans les quartiers de la ville, mais c'est la seule qui a survécu. Parmi les jeux les plus populaires, on trouve la *cucaña* (mât de cocagne) où les concurrents finissent presque tous dans le fleuve ! (955 473 505 ; velasantaana.sevilla.org ; dernière semaine juil ; C4, C5, 3, 40, 41 et 43, M Plaza de Cuba)

sur des barques. Ce pont dit "*de Barcas*" resta en place jusqu'en 1852, lorsque fut achevé le pont Isabel II, surnommé pont de Triana. Conçu par les Français Ferdinand Bernardet et Gustavo Steinacher, il fut le premier à enjamber le Guadalquivir. Depuis, 17 autres ponts ont été bâtis. (Paseo Alcalde Marqués de Contadero et paseo Nuestra Señora de la O ; C4, C5, 3, 40, 41 et 43)

Centro Cerámica Triana MUSÉ

5 PLAN P. 90, B3

Ancien faubourg argileux où la poterie est un artisanat traditionnel millénaire, le quartier a enfin un centre fournissant des explications sur la fabrication de la céramique et des azulejos de Triana. Il s'agit de l'ancienne manufacture de céramique Santa Ana, un espace reconverti en musée qui accueille un centre d'interprétation du quartier. Des pièces historiques y sont exposées. (954 342 737 ; visitasevilla.es ; calle Antillano Campos 2,4 et 6 ; tarif plein/réduit/-16 ans 2,10/1,60 €/gratuit ; 11h-18h mar-sam, 10h-15h dim et fêtes ; C3 et 43)

Mercado lonja del Barranco MARCHÉ, ARCHITECTURE

6 PLAN P. 90, C2

Les vieilles travées de cette ancienne criée, construite par Gustave Eiffel entre 1876 et 1883, hébergent aujourd'hui un marché gastronomique de 20 stands proposant des mets pour tous les goûts et géré par une entreprise que dirige le torero Francisco Rivera. Situé côté Centro du pont, cet édifice de 700 m² en métal et en verre fait partie d'un vaste ensemble qui se prolonge presque jusqu'aux berges du Guadalquivir par un espace agréable où prendre un verre. (609 985 876 ; mercadolonjabarranco.com ; calle Arjona ; 10h-minuit dim-jeu, 10h-2h ven-sam ; C4, C5, 3, 40, 41 et 43)

Se restaurer

aylu

MÉDITERRANÉEN €€€

PLAN P. 90, A6

nrique Caballero a travaillé dur our se faire une place parmi s grands chefs andalous. Dans ne rue banale, il a transformé n petit restaurant en un lieu astronomique incontournable our les amateurs de bons oissons et de fruits de mer. a cuisine privilégie la qualité es ingrédients. Le restaurant ne ompte que 40 couverts ; mieux aut réserver. (954 339 476 ; www. estaurantejaylu.com ; calle López de omara 19 ; tapas 7,50-35 €, plats 3-45 € ; déj et dîner lun-sam, déj im, fermé août dim ; C1, C2, 5, 6, 0, 41 et 43)

Abades Triana

ANDALOU €€€

8 PLAN P. 90, D5

Ce restaurant jouit d'une vue exceptionnelle, et la Torre del Oro (p. 105) paraît à portée de main. Œuvre de l'architecte Jaime Montaner, le bâtiment, tout en baies vitrées, est comme un grand balcon qui met le fleuve en vedette. Au menu : une cuisine traditionnelle andalouse élaborée. (954 286 459 ; abadestriana.com ; calle Betis 69 ; plats 17-60 € ; déj et dîner lun-dim, terrasse juin-sept jusqu'à 2h ; C3, 6, 40 et 41, M Plaza de Cuba)

Montalván

ANDALOU €€

9 PLAN P. 90, B4

L'usine de céramique Montalván, construite en 1850 par Juan Talavera dans un style régionaliste,

luminations sur le pont Isabel II.

La Feria de Abril

Séville aime l'éphémère. Et il faut de la volonté pour monter et démonter un casse-tête comme la Feria de Abril, la "fête d'Avril", grande célébration populaire de la ville, capable d'accueillir un million de personnes, de les divertir et de leur proposer à boire et à manger durant une semaine. Les grandes structures montées pour la Semaine sainte et le Corpus Christi, ainsi que les voiles tendues au-dessus des rues du centre-ville en été pour les protéger de la chaleur sont tout aussi temporaires.

De la *"Noche del Pescaíto"* ("Nuit du petit poisson"), le dîner informel offert par les *casetas* en attendant que le maire allume l'*alumbrao* à minuit le samedi, jusqu'à l'extinction des feux du samedi suivant, c'est la ville tout entière qui se déplace autour du quartier de Los Remedios. Les festivités commencent à midi, avec le défilé des chevaux et des attelages dans le Real de la Feria. Un spectacle magnifique qui se prolonge jusqu'à 20h, heure à laquelle les chevaux doivent rentrer aux écuries. Les propriétaires des chars, qui peuvent être tirés par six chevaux ornés de décorations colorées, défilent dans le Real de la Feria pour le simple plaisir d'être vus.

Les choses se compliquent pour le visiteur à l'heure du déjeuner : sur les 1 052 *casetas* montées sur les 275 000 m² de la feria, 16 seulement sont publiques. Pour avoir accès aux autres, il faut y être invité par un membre de la famille ou du groupe qui les occupe. Beaucoup n'acceptent pas d'argent et fonctionnent avec des tickets que seuls les membres peuvent acheter. Mais même s'il s'agit d'une grande fête privée, la majorité des Sévillans ont le sens de l'accueil et acceptent d'ouvrir les portes de la Feria à des étrangers qui, autrement, resteraient de simples spectateurs. Il serait vraiment dommage de ne pas prendre part aux réjouissances : errer dans les 15 rues aux noms de grands toreros (Bombita, Chicuelo, Pepe Hillo...), assister aux montées d'adrénaline dans les attractions de la calle del Infierno, essayer de danser une *sevillana* ou goûter aux beignets proposés par les Gitanes.

Rien n'attire plus l'attention lors de cette fête que les superbes robes portées par la plupart des Sévillanes et la sensualité avec laquelle elles commencent à danser dès que résonnent les premières notes d'une *sevillana*.

Certaines années, la Feria de Abril a lieu en mai, car elle débute 14 jours après la Semaine sainte.

Défilé d'attelages lors de la Feria de Abril.

est l'une des plus belles de Triana. Aujourd'hui, c'est un ensemble de 2 000 m^2 aussi coquet que surprenant, dans lequel on trouve un petit hôtel luxueux et le bar-restaurant ouvert en 2018 par Francisco Arcas, dont la famille possède aussi Las Golondrinas. Les plats s'inspirent de la cuisine traditionnelle. (955 834 875 ; hotelmontalvantriana.com ; calle Alfarería 21 ; tapas 2,80-5 €, plats 7-19 € ; déj et dîner lun-dim ; C3, 40 et 43)

Amarra

ANDALOU **€€**

10 PLAN P. 90, A3

Les haricots blancs aux moules, la roussette à la tomate et les célèbres *tortillitas* de crevettes font partie des plats les plus prisés de ce restaurant de quartier. Ici, les poissons sont exposés dans le frigo juste à côté du comptoir où les clients aiment s'installer. (954 338 224 ; calle Pagés del Corro 43 ; tapas 2,50-3,50 €, plats 8-26 € déj et dîner mar-sam, déj uniq. dim, fermé août ; C3, 40 et 43)

Las Golondrinas

SÉVILLAN **€€**

11 PLAN P. 90, B4

Bien qu'il ait ouvert comme bar à tapas il y a 50 ans, son propriétaire, Paco Arcas, l'a bien développé depuis. Devant le bar, la salle à manger arbore un style typique du quartier, avec azulejos et chaises cannées, qui atténuent le côté étriqué du bar d'origine. La clientèle y vient pour le célèbre *aliño de alcachofas* (artichauts en vinaigrette, en saison), la viande et le jambon cru. Une autre adresse, à la déco plus moderne, a ouvert ses portes à deux pas, dans la calle Pagés del Corro. (954 338 235 ; facebook.com/barlasgolondrinastriana ; calle Antillano Campos 26 et calle Pagés del Corro 76 ; tapas 2,50-4,80 €, plats 15-28 € ; déj et dîner lun-dim ; C3 et 43)

Puratasca

GASTROBAR **€€**

12 PLAN P. 90, A3

Le Puratasca est le tout premier gastrobar de Séville. Il s'est fait une réputation grâce à sa cuisine inventive de qualité. Caché dans une rue isolée de Triana, il dégage une atmosphère semblant venir tout droit des années 1970. Terrasse. (954 331 621 ; puratasca.com ; calle Numancia 5 ; tapas 3,60-13,50 € ; déj et dîner lun-sam ; C1, C2, 5, 6 et 43)

María Trifulca

SÉVILLAN **€€**

13 PLAN P. 90, B3

La dernière gare maritime à avoir fonctionné à Séville vient de retrouver son aspect d'origine. Elle permettait jadis de rejoindre Sanlúcar de Barrameda, sur le golfe de Cadix, en descendant le Guadalquivir. Cet édifice de 1922 construit sur une pile du Puente de Barcas, a été rebaptisé María Trifulca en référence à la plage fluviale de Séville où, jusque dans les années 1960, proliféraient les auberges comme celle de l'ombrageuse *señora* María. Le toit-terrasse permet d'admirer Séville sous le meilleur angle. (954 330 347 ; mariatrifulca.com ; puente de Triana, angle plaza del Altozano ; tapas 3-4,50 €, plats 9-22 € ; déj et dîner lun-dim ; C4, C5, 3, 40 41 et 43)

Casa Cuesta

SÉVILLAN **€**

14 PLAN P. 90, B3

Si cet établissement a la réputation d'être le restaurant des toreros, c'est qu'au siècle dernier, nombre d'entre eux s'y donnaient rendez-vous, comme nombre d'écrivains et d'artistes. La cuisine sévillane est convaincante. (954 333 335 ; casacuesta.net ; calle Castilla 1 ; tapas 2,90-4 €, plats 10,50-19,50 € ; déj et dîner lun-dim ; C3 et 43)

Lola Cazerola

ANDALOU **€€**

15 PLAN P. 90, B2

On sert ici une cuisine familiale, celle de la propriétaire Lola García, et notamment un délicieux ragoût de queue de taureau. Le lieu offre également une vue superbe sur le Guadalquivir. De mars à octobre, il est possible de manger à l'arrière du restaurant, sur la terrasse qui donne directement sur le fleuve. Le petit plus : spectacle de flamenco du mercredi au dimanche après le dîner. (636 544 171 ; calle Castilla 36 ; plats 9-15 € ; déj et dîner lun-dim ; C3 et 43)

Victoria 8

ANDALOU **€€**

16 PLAN P. 90, C4

Ce sont les plats de riz à la marinière et les *empanadillas* de perdrix qui ont fait la réputation de ce restaurant haut en couleur, n des plus fréquentés du quartier. servation conseillée. (☎954 3 230 ; victoria8.es ; calle Victoria 8 ; as 2,50-5 €, plats 12-18 € ; 🕐déj dîner mar-sam, déj dim, fermé août ; C3 et 40)

anca Paloma
ANDALOU €€

PLAN P. 90, B4

rénovation de 2012 offre un pace bien plus vaste qu'avant, ec un salon pouvant accueillir e centaine de couverts. La qualité a toutefois pas varié depuis plus quarante ans. Viande ibérique, orue, croquettes et *ensaladilla* alade de pommes de terre) urent parmi les tapas maison. ☎954 333 640 ; calle San Jacinto 49 ; pas 2,75-5 €, plats 10-16 € 🕐déj dîner mar-sam, dîner lun ; 🚌C3,

érieur de la Bodega Siglo XVIII.

Prendre un verre

Bodega Siglo XVIII
BAR

18 PLAN P. 90, C4

C'est un établissement où les murs parlent : de leur passé baroque, quand l'édifice était un véritable palais, et de leur histoire plus récente, après sa reconversion en immeuble résidentiel. Les deux facettes du quartier cohabitent dans ce bar restauré avec soin. Les tables invitent à la discussion, un verre de vin à la main. Jazz live le jeudi. (☎954 274 113 ; sigloxviii.com ; calle Pelay Correa 32 ; 🕐12h-16h30 et 20h-minuit mar-dim, 20h-minuit lun, août, fermé dim sept-fév ; 🚌C3, 40 et 43)

Bar Santa Ana
BAR

19 PLAN P. 90, C4

Le comptoir du Santa Ana a de quoi consoler les visiteurs qui auraient trouvé porte close à l'église du même nom, tant cet établissement centenaire est orné d'images saintes qui le font ressembler à un lieu de culte. Son agréable terrasse, qui donne sur la plazuela de Santa Ana, ne le rend que plus charmant. (☎954 272 102 ; calle Pureza 82 ; 🕐7h-0h30 lun-ven, 8h-0h30 sam-dim ; 🚌C3, 40 et 43)

La Albariza
BAR

20 PLAN P. 90, C3

Difficile de trouver meilleure adresse dans le quartier pour déguster des vins de Jerez de la Frontera. Situé à quelques mètres du pont, avec ses tonneaux reconvertis en tables, ce bar propose de bonnes *raciones* (grosses portions de tapas). (954 332 016 ; www.laalbariza.es ; calle Betis 6 ; 12h-16h et 20h-minuit mar-dim, 12h-16h et 20h-minuit lun-sam juin-sept ; C3, 40 et 43)

La Entrañable BAR

21 PLAN P. 90, B3

Bien qu'il n'ait ouvert qu'en 2006, cet établissement a déjà l'âme d'un bar de quartier, un de ces lieux où les clients peuvent rester tout l'après-midi. Des expos de photos et de peintures sont organisées, et le bar propose des plats traditionnels comme le *pescaíto* frit ou la tortilla (2,70-3,50 €). (696 955 952 ; calle Callao 5 ; 12h-17h et 20h-minuit lun-dim, fermé 15-31 août ; C3 et 43)

La Prensa de Triana CAFÉ-BAR

22 PLAN P. 90, C3

Profiter d'une soirée sur la terrasse de ce café est un luxe à la portée de tous. La cathédrale, la Giralda, le théâtre de la Maestranza, la Torre del Oro... les sites les plus importants de Séville sont tous visibles depuis cette adresse ouverte il y a 20 ans, agrémentée de fins palmiers. On peut feuilleter les journaux mis à disposition. La carte propose, entre autres, des gâteaux de la pâtisserie Manu Jara, des cocktails et des chichas. (682 454 266 ; facebook.com/laprensadetriana ; calle Betis 8 ; 15h-2h dim-jeu, 15h-3h ven-sam, 18h-2h dim-jeu, 18h-3h ven-sam août ; C3, 40 et 43)

Sortir

Teatro Flamenco Triana FLAMEN

23 PLAN P. 90, C4

Du flamenco, encore et toujours ! Dans ce petit théâtre dédié à cette danse traditionnelle, où se produisent les nouveaux talents et les artistes confirmés, les spectacles sont programmés 5 jours semaine. (611 002 330 ; www.teatroflamencotriana.com ; calle Pureza, 76 ; tarif plein/réduit 25/20 € ; billetterie 10h-14h lun-ver C3, C4 et 43, M Plaza de Cuba)

Lola de los Reyes FLAMEN

24 PLAN P. 90, D4

La *cantaora* (chanteuse de flamenco) Lola de los Reyes a monté son propre cabaret à Triana à la fin des années 90. Le *tablao* de Lola est un lieu convivial et familia où la frontière entre la scène et le public s'efface. Depuis janvier, le lieu accueille également une troup de danse. (667 631 163 ; www.loladelosreyes.es ; calle Pureza 107 ; 23h30-3h mer-ven, 17h-22h et 23h30-3h sam, conso minimum 10 € troupe de danse 19h dim-ven, 12-28 € août fermé ; C3, 40 et 43)

Taller Andaluz de Cocina ATELIER DE CUISI

25 PLAN P. 90, B3

Cours de cuisine en groupe de 13 personnes maximum. C'est au marché que tout commence, avec le choix des produits. Vient ensuite

Apprendre le flamenco

Triana est le quartier roi du flamenco à Séville. Il a donné au chant, à la musique, mais surtout à la danse flamenca certains de ses plus grands noms. Si beaucoup ont depuis quitté les lieux, il reste encore bon nombre de danseurs prêts à partager leur art dans leurs académies. C'est notamment le cas de **Matilde Coral** (954 339 731 ; flamencoensevilla.es ;calle Castilla 82-84 ; C3 et 43), maîtresse indiscutable de l'école dite sévillane, et de **Manuel Betanzos** (954 340 519 ; manuelbetanzos.com ; calle Rodrigo de Triana 30 ; C3, 40 et 43), qui accueille des professeurs invités comme Adela Campallo, Andrés Peña ou Pilar Ogalla. **Alicia Márquez** (954 901 097 ; aliciamarquez.es ; calle Cantabria 7 ; 3, 6, C3 et C4) fait également partie des grands noms de la discipline. Elle propose des cours dans le quartier de San Lorenzo.

laboration du menu, avec l'aide la brigade de Víctor Silvestre. enfin, le déjeuner, lors duquel hacun peut apprécier le fruit des forts communs. (672 162 621 ; lerandaluzdecocina.com ; marché Triana, empl 75-77 ; plaza del tozano s/n ; 10h30-13h30 n-sam ; atelier et repas 44-60 € ; C4, C5, 3, 40, 41 et 43)

Shopping

De Triana

MODE, ACCESSOIRES

26 PLAN P. 90, C4

Tee-shirts, chemises, vêtements pour bébés, sacs, écharpes… tous les supports sont bons pour faire de la publicité au quartier. Les modèles exclusifs de cette boutique originale portent des slogans amusants. (954 279 624 ; detriana.com ; calle Pureza 78 ; 10h-14h et 17h-20h30 lun-sam, 10h30-14h30 dim ; C3 et 40)

Manu Jara

PÂTISSERIE

27 PLAN P. 90, C4

Le pâtissier Manu Jara produit la meilleure pâte feuilletée de Séville pour ses *trianitos*, ses *coronados* aux amandes et ses mille-feuilles. Il tient aussi un stand au marché de Triana, où les *bocasús* font un tabac, et a une école de pâtisserie. (675 873 674 ; manujara.com ; calle Pureza 5 ; 9h30-14h30 et 16h30-21h lun-jeu, 9h30-21h ven et sam, 10h-20h30 dim sept-mai ; 9h30-14h30 et 18h-21h lun-dim juin-août ; C3 et 40)

A. González

CÉRAMIQUE

28 PLAN P. 90, B3

Azulejos peints à la main, couleurs audacieuses et motifs des XVIIIe et XIXe siècles, telle est la patte d'Antonio, qui accepte aussi les commandes. (954 344 564 ; ceramica-agonzalez.com ; calle San Jorge 17 ; 10h-14h et 18h-21h lun-ven, 10h-14h sam juin-sept, 10h-14h et 17h-20h30 lun-ven, 10h-14h sam oct-mai ; C3 et 43)

Explorer Extramuros et Parque de María Luisa

Jadis la Torre del Oro se dressait solitaire sur les rives du Guadalquivir, à l'instar du Palacio de San Telmo et de la Fábrica de Tabacos. Avec la démolition des remparts au XIXe siècle, Séville se développa vers le sud, et l'élan avant-gardiste de l'Exposition de 1929 métamorphosa le Parque de María Luisa. La terrasse de la Torre del Oro (p. 105) domine le fleuve, le Parque de María Luisa et le palais de San Telmo (p. 105).

Pour explorer le Parque de María Luisa (p. 102), prenez l'Avenida de Isabel la Católica, qui le traverse d'un bout à l'autre, puis l'Avenida de la Borbolla jusqu'au restaurant Sobretablas (p. 107), pour le déjeuner. De retour au parc, découvrez l'ensemble harmonieux que forment la plaza de América, le Museo Arqueológico (p. 106) et le Museo de Artes y Costumbres Populares.

En soirée, laissez-vous tenter par un spectacle au théâtre Lope de Vega (p. 110), avant de finir la journée au bar Chile (p. 110), qui vous accueillera pour un dernier verre dans une autre construction de 1929.

Comment y aller et circuler

Metro Centro Deux arrêts du T1 desservent le quartier : Puerta de Jerez et Prado de San Sebastián.

M Métro La ligne 1 marque l'arrêt à Puerta de Jerez et à Prado de San Sebastián.

Bus C1, C2, C3, C4 et C5 ; et aussi 1, 3, 5, 6, 21, 25, 26, 28, 29, 30, 31, 34, 37, 38 et 41.

Plan du quartier p. 104.

Fuente de las Ranas, Parque de María Luisa. GORDON BELL/SHUTTERSTOCK ©

Promenade à pied

À la découverte du Parque de María Luisa

Les Sévillans aiment ce parc. Aux 22 ha du jardin du Palacio de San Telmo, la ville annexa des terrains contigus auxquels l'architecte paysagiste français Jean-Claude Forestier apporta une touche de romantisme en 1911. Le poumon vert de la ville est aujourd'hui une zone de loisirs prisée des familles, le terrain d'entraînement préféré des sportifs et un havre de repos pour les visiteurs.

La promenade

Départ Plaza de España

Arrivée Jardín de los Leo[nes] et Monte Gurugú

Horaires 8h-minuit lu[n-] dim avr à mi-sept, 8h-22 lun-dim mi-sept à mars

Transports T1 ; M Pra[do] de San Sebastián ; C1, C2, C3, C4, C5, 1, 3, 5, 6, 2[…] 25, 26, 28, 29, 30, 31, 34, 38 et 41

Plaza de España

tte construction semi- circulaire nquée de deux tours, édifiée on les plans d'Aníbal González tre 1914 et 1928 pour l'Exposition ro-américaine de 1929, forme noyau du parc. L'architecte a vilégié les styles Renaissance baroque. Des bancs illustrés nt dédiés à chaque province pagnole, avec les personnages les épisodes représentatifs de n histoire. La place est traversée r un canal de 525 m où l'on peut promener en **barque** (626 7 523 ; 10h-20h lun-dim, 10h-22h -dim avr-sept ; 35 min 6 €).

Balades à vélo

Parque de María Luisa couvre ha, et on peut le parcourir sur un lo à louer chez **Cyclotour** (955 1 721 ; cyclotour.es ; 30 min 2/6 pers /24 € ; organise des visites guidées la ville à vélo, Segway ou vélo ectrique 1 heure 20/34 € ; 9h30- h lun-dim, 10h-21h lun-dim avr-sept). **calèche** (4 pers promenade 1 heure ravers le parc et vers la cathédrale € ; Semana Santa 50 €, Feria de ril 95 €) est aussi une option. s calèches s'arrêtent devant s principaux monuments pour sser monter les personnes qui souhaitent et profiter de la vue.

Plaza de América

n autre exemple de interprétation de l'histoire l'architecture matérialisée par Aníbal González. Dans cet ensemble harmonieux, on trouve le pavillon royal évoquant le gothique flamboyant, le **Museo Arqueológico** (p. 106), abrité dans un pavillon plateresque, et le **Museo de Artes y Costumbres Populares** (p. 106), occupant l'ancien pavillon mudéjar.

4 Kiosco Abilio

C'est ici que l'on retrouve les habitués du parc. Le **Kiosko Abilio** (686 237 501 ; Av. Don Pelayo ; tapas 2,50-3 € ; 10h30-18h mar-ven, 11h-18h sam-dim, 10h30-16h30 et 20h-minuit mar-dim juin-sept), inauguré en 1929, est une buvette avec terrasse tenue par la même famille depuis trois générations.

5 Jardín de los Leones et monte Gurugú

Le parc est parsemé de constructions romantiques. Certaines sont héritées de son passé palatial, comme le Monte Gurugú ; d'autres furent imaginées par Forestier, comme les jardins de Los Leones et La Concha. Il a été projeté de faire de cet espace vert une bibliothèque en plein air avec des espaces dédiés à Dante, Cervantès, Manuel et Antonio Machado, les frères Álvarez Quintero et Adolfo Bécquer. L'idée était que les visiteurs lisent dans les gloriettes dédiées à chacun d'eux et laissent les livres sur place ; mais Séville n'était pas encore prête pour le passe-livre (*bookcrossing*).

A
B
C
D
1
2
3
4
5
6
Plaza Puerta de Jerez
Jardins de l'Alcázar
C. de Cádiz
Av. de Málaga
C. Almte. Lobo
Puerta de Jerez
Paseo Cristina
C. San Fernando
Prado de San Sebastián
Gare routière Prado
C. J. Mª. Osborne
Av. Carlos V
Pte. de San Telmo
Av. de Roma
C. Palos de la Frontera
Av. del Cid
C. Infanta Luisa de Orleans
Prado de San Sebastián
C. Infante Carlos de Borbón
C. Diego de Riaño
Canal Alphonse-XIII
Paseo de las Delicias
C. la Rábida
Av. de Honduras
Av. Portugal
C. Juan Sebastián El Cano
Av. de Uruguay
Av. de María Luisa
C. Bécquer
Av. de Chile
Av. Conde de Urbina
Av. de Isabel la Católica
Plaza de España
Av. Rodrígues de Casso
C. Nicolás Alperiz
Avenida de la Borbolla
Puente de los Remedios
Parque de María Luisa
C. Virgen de Luján
Av. de los Pinzones
C. de Pizarro
Av. Magallanes
Av. Hernán Cortés
C. Montevideo
C. Brasil
C. Monte Carmelo
Av. Presidente Aldolfo Suárez
Av. Santiago Montoto
Av. de Don Pelayo
C. Pinzón
C. de Pizarro
C. Progreso
Muelle de las Delicias
Plaza de América
C. Felipe II
Avenida de la Borbolla
C. Progreso
0
300 m
C. Colón
C. Alfonso XIII
Av. Molini
Av. Eritaña
1 2 3 4 5 6 7 8 9 10 13 16 17 18 19 20 21 22 23
Nos adresses
Voir p. 105
Se restaurer p. 107
Prendre un verre p. 109
Sortir p. 110

'oir

ılacio
e San Telmo ÉDIFICE INSTITUTIONNEL

PLAN P. 104, A2

ège de la Junta de Andalucía
ouvernement autonome) depuis
91, cet édifice baroque restauré
ır Guillermo Vázquez Consuegra
ırte, entre autres noms, la
gnature de trois générations
es architectes de la famille
gueroa. Construit en 1682 en
nt qu'université de formation des
arins, il servit de résidence aux
ıcs de Montpensier au XIXe siècle,
'ant d'héberger un séminaire, puis
Junta. La visite guidée vous fera
écouvrir la chapelle, le salon des
aces, les jardins et le bureau du
ésident de la Junta. Réservez par
mail deux semaines à l'avance.
955 001 010 ; visitasantelmo@
ıtadeandalucia.es ; Av. Roma ; entrée
re ; 16h et 18h jeu, 11h, 13h, 16h et
h sam, fermé jours fériés, juil et août ;
T1, C3, C4, C5, 3, 6,40 et 41,
Puerta de Jerez)

ɔrre del Oro MUSÉE

PLAN P. 104, A1

ette tour dodécagonale fut édifiée
ar les Almohades en 1221 comme
ément défensif : de là, une chaîne
eliait l'autre rive du fleuve pour
rotéger le port de Séville. Mais
ela ne suffit pas à contenir la
otte espagnole, et Ferdinand III de
astille (Fernando III) s'empara de
éville en 1248. Pierre Ier de Castille
Pedro I) fit agrandir la tour d'un
deuxième corps au XIVe siècle.
Un troisième corps lui fut annexé en 1760. La tour de guet, indépendante des remparts, abrite le Museo Naval de Sevilla depuis 1944. Sa terrasse dévoile un splendide panorama. (954 222 419 ; paseo Colón ; tarif plein/réduit 3/1,50 € ; 9h30-18h45 lun-ven, 10h30-18h45 sam-dim, fermé jours fériés ; T1, C3, C4, C5, 3, 6, 40 et 41, M Puerta de Jerez)

Real Fábrica de Tabacos UNIVERSITÉ

3 PLAN P. 104, B2

Bâtie entre 1728 et 1771 sur les fondations d'une nécropole romaine, la Manufacture royale de tabac fut la première industrie du genre en Europe. L'édifice, de style Renaissance avec une belle façade baroque, est le deuxième plus grand d'Espagne après le site royal de l'Escurial à Madrid. Le projet de Sebastián van der Borcht – en collaboration avec d'autres architectes – est un rectangle de 185 m sur 147 m bordé d'un fossé pour prévenir le vol de tabac. La manufacture sert de cadre à *Carmen*, le drame de Mérimée dont Bizet fit le célèbre opéra. Elle abrite l'université de Séville depuis 1956. On peut prendre rendez-vous en dehors de la visite guidée. (954 551 052 ; institucional.us.es/vrelinstitu/visitas-la-universidad ; calle San Fernando 4 ; gratuit ; 11h lun-jeu, 9h30-12h30 et 16h-18h ven, 9h30-14h sam ; fermé août ; T1, C1, C2, C3, C4, C5, 1, 5, 6, 40 et 41, M Puerta de Jerez)

Museo Arqueológico MUSÉE

4 PLAN P. 104, C5

L'ancien pavillon des beaux-arts de l'Exposition de 1929, un édifice néo-Renaissance signé Aníbal González, héberge les trésors archéologiques de Séville et de sa province depuis 1941. On peut notamment y admirer une copie du trésor d'El Carambolo, 21 pièces phéniciennes en or de près de 3 kg datant des VIIe et VIe siècles av. J.-C. Le musée possède des sculptures provenant de la ville romaine d'Itálica, notamment une Diane du IIe siècle et un Trajan héroïsé de la même époque. Le musée est fermé pour travaux depuis janvier 2020. (955 120 632 ; plaza América ; museosdeandalucia.es ; en attente de réouverture ; 1, 6, 30, 31, 33, 34 et 37, M Prado de San Sebastián)

Museo de Artes y Costumbres Populares MUSÉE

5 PLAN P. 104, C5

En face du Museo Arqueológico, le bâtiment néomudéjar du musée des Arts et Traditions populaires – que l'on doit également à Aníbal González – n'est pas sans évoquer un palais des Mille et Une Nuits. Ses collections retracent cinq siècles d'artisanat : céramique, arts décoratifs, textile, forgerie, arts graphiques… Un immense espace où ont été recréés des ateliers d'artisans. (955 542 951 ; plaza de América 3 ; www.museosdeandalucia.es ; tarif plein/membre de l'UE 1,50 €/gratuit ; 9h-21h mat-sam, 9h-15h dim et fêtes, 9h-15h mar-dim mi juin à mi-sept ; 1, 6, 30, 31, 37 et 38, M Prado de San Sebastián)

Centro Fundación Unicaja Sevilla CENTRE D'EXPOSITI

6 PLAN P. 104, C6

La Fondation Unicaja de Séville es installée dans un élégant palais de style éclectique (1914-1916). Depuis 2019, le lieu accueille des expositions, des concerts et des conférences. On y trouve aussi une exposition permanente constituée de documents, photos et manuscrits donnés par les deux frères poètes Manuel et Antonio Machado. (954 972 775 ; Av. de la Palmera 45 ; fundacionunicaja.com ; entrée libre ; 9h-14h et 16h-20h lun ven, 9h-14h sam, dim et jours fériés ; 1, 2, 6 et 37)

Fundación Valentín de Madariaga CENTRE D'EXPOSITIC

7 PLAN P. 104, B3

L'ancien et superbe pavillon de l'Exposition ibéro-américaine de 1929 dédié aux États-Unis est désormais dédié à l'art contemporain. La fondation Valentín de Madariaga y expose ses œuvres, et met surtout un point d'honneur à rendre l'art plus accessible au public grâce aux visites guidées, cours et conférences. Outre les expositions vous apprécierez ici, dans la collection permanente, des œuvres d'artistes internationaux – Warhol Smithson, Beuys – et d'artistes nationaux majeurs comme Cristina esias, Gonzalo Puch ou Federico ızmán. (☎954 366 072 ; Av. María sa s/n ; fundacionvmo.com ; entrée e ; ⏰10h-14h et 17h-20h mar-ven, ı-14h sam-lun, août fermé ; 🚊T1, C1, C2, C3, C4, C5, 3, 5, 6, 34, 40 et 41)

e restaurer

obretablas GASTRONOMIQUE €€

PLAN P. 104, D6

orès avoir collaboré dans les uisines d'El Celler de Can Roca, dresse catalane de renom, cheffe Camila Ferraro et le mmelier Robert Tetas ont posé urs valises dans une jolie demeure l'Exposition ibéro-américaine de 29. Dès son ouverture en 2018, restaurant s'est imposé comme ne référence pour les gourmets. oduits locaux et de saison sont sublimés dans des plats élaborés avec soin. La carte des vins, quant à elle, fait la part belle aux productions du Marco de Jerez. Réservation nécessaire. (☎955 546 451 ; www.sobretablasrestaurante.com ; calle Colombia 7 ; plats 17-22 € ; ⏰déj et dîner lun-sam, déj dim, août fermé ; 🚌1, 30, 31 et 37)

Salvador Rojo GASTRONOMIQUE €€

9 PLAN P. 104, D6

Après s'être constitué une fidèle clientèle dans la calle San Fernando, le Salvador Rojo vous accueille depuis 2010 dans un bâtiment moderne au décor épuré. En déménageant, il s'est doté d'un bel espace dédié aux tapas à l'étage, le Bar33, sans cesser d'offrir une cuisine d'auteur reposant sur des produits de saison dans

useo de Artes y Costumbres Populares, Plaza de América.

L'héritage de l'Exposition ibéro-américaine de 1929

L'Exposition ibéro-américaine de 1929 marqua le début de la modernisation du pays. Initialement prévue en 1911, repoussée à 1914 puis à 1929 du fait de la Première Guerre mondiale, sa célébration coïncida avec la fin de la dictature de Primo de Rivera. Le grand artisan de l'événement, l'architecte sévillan Aníbal González – auquel on doit les plus beaux bâtiments de l'exposition – démissionna avant le lancement des festivités en raison de divergences avec le régime ; il fut remplacé par Vicente Traver. Les vedettes du concours furent la Plaza de España et la Plaza de América, toutes deux signées González, mais quelques pavillons sont encore conservés le long du paseo de las Delicias et de l'avenida de la Palmera. Les plus remarquables sont ceux du Brésil (Pedro Paulo Basto), du Mexique (Manuel Amabilis), de la Colombie (José Granados), du Maroc (Gutiérrez Lescura) et de l'Argentine (Martín S. Noel). Aux abords du Palacio de San Telmo, vous aurez l'occasion d'admirer les pavillons du Pérou (Johnson), de l'Uruguay (Cravotto) et du Chili (Martínez Gutiérrez). La plupart de ces édifices sont désormais d'usage public.

le restaurant. (954 229 725 ; salvadorrojo.com ; Av. Manuel Siurot 33 ; tapas 4,25-9 €, plats 21-24 € ; déj et dîner lun-sam, fermé août ; 1, 3, 6 et 37)

Alfonso XIII

GOURMET **€€€**

10 PLAN P. 104, B1

Imaginé par José Espiau y Muñoz pour les grandes festivités de 1929, ce bel édifice mudéjar agrémenté de quelques touches régionalistes est depuis toujours le grand hôtel de Séville, dont les salons ont vu défiler des hôtes illustres. Il dispose d'une terrasse confortable, **Ena** (13h-1h lun-dim, 13h-2h lun-dim juil-août). Au restaurant San Fernando, dans le patio ensoleillé et sous les arcades, le chef Brian Deegan sert une cuisine internationale. (954 917 000 ; hotel-alfonsoxiii-sevilla.com ; calle San Fernando 2 ; plats 24-32 € ; petit-déj, déj et dîner tlj ; T1, C1, C2, C3, C4, C5, 1, 5, 6, 40 et 41, M Puerta de Jerez)

Tradevo

GASTROBAR **€**

11 PLAN P. 104, D2

Le Tradevo est le premier des trois restaurants ouverts par le chef Gonzalo Jurado. Depuis 2010, cet établissement discret fait le bonheur d'une clientèle fidèle, qui vient ici pour la qualité des produits pour la plupart bio et de saison, et l'originalité des propositions. (854 521 554 ; tradevo.es ; plaza Pintor Amalio García del Moral 2 ; plats 5,50-16 € ; déj et dîner mar-sam, fermé sam juil-août ; C1, C2, 22, 29, 28 et 32)

traperlo RESTAURANT, ÉPICERIE BIO €

PLAN P. 104, D5

:te boutique de produits bio
-uits et légumes locaux mais
ssi produits emballés – cache
secret derrière ses rayons : la
sine d'Ana Sánchez, qui prépare
aque jour des plats créatifs et
:culents à déguster sur place ou
mporter. On peut assister à ses
liers de cuisine. (954 963 538 ;
w.estraperlosevilla.com ; calle Santa
sa 4 ; plats 8-15 € ; déj et dîner mar-
n, déj lun et dim ; 1, 30, 31 et 37)

Casa
l Estanque MÉDITERRANÉEN, BAR €€

PLAN P. 104, C6

uée dans un des premiers
dins publics de Séville, créé par
blo de Olavide au XVIIIe siècle,
ncienne maison de gardien
s Jardines de las Delicias est
venue en 2014 un restaurant-
r avec terrasse. On y sert
e cuisine méditerranéenne
x accents internationaux.
fontaine roucoulante et le
ssin qui vous accueillent à votre
-ivée rafraîchissent quelque peu
; chaudes nuits d'été. (602
4 049 ; www.lacasadelestanque.com ;
seo Delicias ; plats 9-23 € ; dîner
bar 21h-5h mar-sam mai-sept, oct-avr
mé ; 1, 6, 30, 31, 37 et 38, M Prado
San Sebastián)

nacio Vidal MÉDITERRANÉEN €€

PLAN P. 104, D5

ı établissement moderne avec
rrasse offrant une carte variée
de tapas et de *raciones*, et dont on gère la cave avec soin. On y vient pour le carpaccio de gambas aux copeaux de foie gras, et surtout pour la friture de poisson. Réservation conseillée le week-end, l'endroit est couru (954 616 496 ; www.restaurantevidal.es ; calle Progreso 27 ; tapas 2,75-7 €, plats 7-21 € ; déj et dîner lun-dim ; 1, 30, 31 et 37)

Prendre un verre

Casa Palacios BAR

15 PLAN P. 104, D4

Le comptoir de marbre et d'acajou, patiné par le temps, est le même qu'à l'ouverture du Casa Palacios en 1926. Ce bar traditionnel s'approvisionne à l'épicerie avec laquelle il communique. À la carte : de bons vins pour accompagner charcuteries et conserves maison. (954 231 132 ; casapalacios1926.com ; calle Progreso 7 ; 7h30-22h30 lun-ven, 10h-15h sam ; 1, 30, 31 et 37)

Bilindo CAFÉ-BAR

16 PLAN P. 104, C5

Situé à l'une des entrées du Parque de María Luisa, du côté de la spectaculaire Plaza de América, cet établissement polyvalent propose de danser en plein air les nuits d'été, dans un cadre luxuriant. (954 626 151 ; .terrazabilindo.com ; Av. de las Delicias ; 14h-minuit tlj avr à mi-sept, 8h-22h tlj mi-sept à mars ; bar 23h-4h juin-sept ; 1, 6, 30, 31, 37 et 38, M Prado de San Sebastián)

Bar Chile

BAR

17 PLAN P. 104, B3

Une autre construction datant de l'Exposition ibéro-américaine abritant un café en journée, qui se transforme en bar dansant – avec DJ – à la nuit tombée. Avec sa terrasse couverte face au fleuve, il se targue de proposer une centaine de rhums et une cinquantaine de gins. (602 464 049 ; www.barchile.es ; paseo Delicias ; 16h-4h tlj ; C1, C2, C3, C4, C5, 3, 5, 6, 34, 40 et 41)

Kiosco New York

BAR

18 PLAN P. 104, B3

Sur le quai d'où partaient les lignes maritimes pour les États-Unis dans la première moitié du XXe siècle, se déploie une vaste pergola fleurie abritant deux kiosques avec terrasse à l'air libre ouverts toute l'année. Situés au bord du Guadalquivir et dotés de mobilier en bois, le New York et son voisin, le Manhattan, attirent une clientèle majoritairement jeune. (673 061 551 ; muellenewyork.com ; muelle de New York ; 11h-3h lun-dim avr-oct, 11h-22h lun-dim nov-mars ; C1, C2, C3, C4, C5, 3, 5, 6, 34, 40 et 41)

Sortir

Teatro Lope de Vega

SPECTACLES

19 PLAN P. 104, B3

Réalisé par Vicente Traver pour l'Exposition ibéro-américaine de 1929, le pavillon de Séville hébergeait également le casino, qu'occupe actuellement une salle d'exposition. Le Lope de Vega, qu servit de décor aux spectacles de l'exposition, fait office de théâtre municipal depuis 1988. Sur sa scène se succèdent les meilleures compagnies nationale – et quelques-unes venues de l'étranger – de musique, de dans d'opéra, de théâtre et de flamenc (955 472 828 ; teatrolopedevega.o Av. María Luisa ; tarif variable ; 20h lun-sam, 19h30 dim ; T1, C1, C2, C3, C4, C5, 3, 5, 6, 34, 40 et 41)

Cruceros Torre del Oro

BAT

20 PLAN P. 104, A1

Pour découvrir la ville sous un autre angle, embarquez sur l'un des bateaux Cruceros Torres del Oro pour une promenade (1 heur départ embarcadère de la Torre d Oro). La promenade se poursuit l long du Parque de María Luisa et jusqu'au Puente de la Barqueta, sous lequel le bateau fait demi-to En été, l'offre est plus large, avec des promenades nocturnes et des itinéraires ralliant Sanlúcar de Barrameda, port duquel Megallan prit la mer il y a plus de 500 ans. (954 561 692 ; crucerosensevilla.com ; muelle del Marqués de Contad s/n ; tarif plein/-12 ans 18 €/gratuit ; 11h-19h tlj, 11h-22h tlj mai-sept ; T1, C3, C4, C5, 3, 6, 40 et 41, M Puerta de Jerez)

Acuario de Sevilla

AQUARI

21 PLAN P. 104, B5

Le premier aquarium de Séville retrace les voyages de Magellan pour montrer, lors d'un parcours

textualisé, 7 000 spécimens de
s de 400 espèces. Ces visites
âtralisées ont pour guide rien
moins que l'homme qui, parti du
t de Séville, accomplit la toute
mière circumnavigation en 1522.
ns les bassins évoluent requins-
reaux, rascasses, anacondas et
racudas, mais aussi la mascotte
'établissement : Chelo, une
tue caouanne. (955 441 541 ;
ariosevilla.es ; muelle de las Delicias,
e sud ; adulte/enfant 4-14 ans/-
ns, 17/12 €/gratuit ; 10h-19h
-jeu, 10h-20h ven-dim sept-juin ;
-20h lun-jeu, 10h-21h ven-dim juil-
t ; 3, 6 et 34)

rd Rock Cafe CAFÉ-BAR

PLAN P. 104, B1

e demeure du XVIIIe siècle
berge le deuxième Hard Rock

arium de Séville.

Cafe d'Andalousie. Plus grande collectionneuse mondiale de souvenirs musicaux, la chaîne de cafés a choisi pour Séville des objets d'artistes internationaux : le blouson de Michael Jackson, une guitare de Paul Stanley (chanteur de Kiss), une batterie sur laquelle Matt Sorum a joué avec Guns N' Roses. Mais il y a aussi des pièces ayant appartenu à des vedettes espagnoles, comme la guitare Fender du Sévillan Raimundo Amador. Cet établissement comprend un auditorium de 200 places, une boutique, un bar et un restaurant. (954 220 126 ; hardrock.com/cafes/seville ; calle San Fernando 3 ; boutique 10h-minuit dim-jeu, 10h-1h ven-sam ; restaurant 11h-minuit dim-jeu, 11h-2h ven-sam, bar 11h-23h dim-jeu, 11h-1h ven-sam ; T1 C1, C2, C3, C4, C5, 1, 5, 6, 40 et 41, M Puerta de Jerez)

Iguana Puerto de Sevilla BAR

23 PLAN P. 104, B5

Les jeunes Sévillans aiment se retrouver sur la grande terrasse de ce vaste bar en bordure du Guadalquivir, autour d'un verre et de bons plats et tapas. La quasi-totalité du bar est en plein air, mais les colonnes de chauffage permettent de l'apprécier même lorsqu'il fait frais. Concerts de flamenco le samedi après-midi. (955 959 601 ; iguanasnacks.com ; muelle de las Delicias s/n, zone sud ; 12h-22h lun-jeu, 12h-3h ven-dim oct-avr ; 12h-4h lun-dim mai-sept ; 3, 6 et 34)

Promenade à pied

Architecture sévillane

Qui dit architecture sévillane dit Aníbal González (1876-1929), qui, bien qu'il n'ait exercé que 27 ans à Séville, a réussi à donner à la ville une identité propre. En 1910, González fut nommé architecte directeur de l'Exposition ibéro-américaine de 1929, mais il démissionna en 1927 en raison de désaccords avec José Cruz Conde, désigné commissaire de l'exposition en 1926. Il mourut quelques jours après l'inauguration du grand projet de sa vie. Le professeur d'histoire de l'architecture Víctor Pérez Escolano a sélectionné pour nous les œuvres de cet itinéraire.

La promenade

Départ Calle Trajano 35 C5, 13, 14, 27 et 32

Arrivée Avenida de la Palmera 48 ; 1, 3, 6 et

Distance et durée 6,5 km ; 5-6 heures

Plaza de España, dans le Parque de María Luisa.

❶ Bâtiment et chapelle des Jésuites

Dans sa volonté de récupérer les grands styles du passé, Aníbal González avait imaginé cet ensemble (1917-1920), situé dans la calle Trajano (n°35). Il arbore un décor de brique sculptée de style néogothique.

❷ Maisons de la calle Alfonso XII

L'Art nouveau fut l'une de ses influences premières, mais également la Sécession viennoise et le modernisme catalan ; de tous ces courants inspirés par la nature sont nés des détails ornementaux en pierre artificielle et en fer : dragons, fleurs, étoiles... que l'on peut encore admirer sur les façades des deux maisons de la calle Alfonso XII (n°s 27 et 29), ainsi que dans la calle Almirante Ulloa (n°4).

❸ Édifice dans la calle Martín Villa

Dès le début de sa carrière (il avait obtenu son diplôme de l'école d'architecture de Madrid en 1902), Aníbal González a aussi réalisé des projets urbanistiques qui ont amélioré le tracé de la ville. Après son intervention dans le quartier de la Campana, il a construit un **édifice néomudéjar** (1907-1908) pour habitations et commerces, à l'angle de la calle Martín Villa et de la calle Santa María de Gracia.

❹ Maison des comtes d'Ybarra

L'un de ses projets décoratifs les plus ambitieux a été de transformer la **casa de los condes de Ybarra**, située dans la calle San José, à l'angle de la calle Conde de Ibarra, en un rêve néomudéjar. Les plus grands artisans stucateurs, ferronniers et céramistes participèrent à ce projet (1921-1924).

❺ Capilla del Carmen

Un petit exemple de grande architecture sévillane se dresse sur la plaza del Altozano, à l'une des extrémités du pont de Triana. La **capilla de la Virgen del Carmen** (1924-1928), se compose de deux parties : la chapelle, surmontée d'un dôm et un clocher, évoquant la Girald et la Torre del Oro, le tout réalisé brique et en céramique de Trian

LEONID ANDRONOV/SHUTTERSTOCK©

Capilla del Carmen.

❻ Casa de la Real Maestranza de Caballería

Après la restauration des **arènes de Séville** (Plaza de toros de la R Maestranza de Caballería, p. 66), auxquelles il a ajouté l'étage supérieur et la loge royale (1914-1915), l'architecte conçut la nouve **Casa de la Real Maestranza de Caballería** (paseo Colón 12), projet néobaroque (1925-1929) où le blanc des parements est rehaussé par la pierre.

❼ Maisons de l'Avenida de la Constitución

L'architecte est intervenu dans la modification urbaine de l'actuelle Avenida de la Constitución et y a conçu de nouveaux édifices entre 1913 et 1921, parmi lesquels ceux situés aux n[os]6 et 10, ainsi que les n[os]12 et 14, la maison des marquis de Villamarta. Ces deux derniers bâtiments accueillent aujourd'hui le siège de la Banco Popular.

❽ Plaza de España

Il avait conçu cette place pour l'Exposition de 1929 comme un espace urbain destiné aux grands rassemblements, une sorte d'amphithéâtre donnant sur le Parque de María Luisa. Construction semi-circulaire, synthèse du meilleur la Renaissance et du baroque, laza de España (p. 103), est chef-d'œuvre d'Aníbal González. prolifique architecte y est mortalisé par une statue de onze qui contemple son œuvre.

Plaza de América

st le premier ensemble nstruit pour l'Exposition ibéro-éricaine, entre 1911 et 1919. Le e est dominé par le Pabellón Real, ifice néogothique en brique, **Museo Arqueológico** (p. 84), ns lequel il rend hommage à la Renaissance, et le **Museo de Artes y Costumbres Populares** (p. 106), sa meilleure interprétation du style mudéjar.

⑩ Casa Luca de Tena

C'est son cousin et protecteur, Torcuato Luca de Tena, qui a commandé à Aníbal González cette demeure (1923-1926) sur l'Avenida de la Palmera (n°48), sans lui imposer aucune contrainte de style, ni de budget. Il en a résulté l'une de ses œuvres les plus emblématiques.

za de la Real Maestranza.

Explorer

La Cartuja

Toutes les cultures qui sont passées par Séville y ont laissé leur empreinte, mais le XXe siècle semble avoir pris le dessus sur la Isla de la Cartuja, aujourd'hui symbole de l'Exposition universelle de 1992. Elle a permis la métamorphose des ruines du monastère de Santa María de las Cuevas, et l'aménagement des 215 ha de l'île, devenue noyau culturel, centre d'affaires et lieu de détente.

Emprunter la passerelle de la Cartuja permet de contempler la silhouette du Monasterio de Santa María de las Cuevas (p. 118). À droite, le Jardín Americano (p. 124) et sa passerelle de bois ajoutent au charme du décor. Avant de visiter l'ensemble monastique hébergeant le Centro Andaluz de Arte Contemporáneo, offrez-vous un petit-déjeuner au café de l'entrée.

Les amateurs d'architecture apprécieront les ouvrages hérités de l'Exposition universelle de 1992, notamment le Pabellón de la Navegación (p. 123), et les expositions du CaixaForum (p. 123). Après un déjeuner au Sabina (p. 125), rendez-vous à la Fundación Tres Culturas (p. 124).

Pour la suite, le Teatro Central (p. 126) présente des spectacles avant-gardistes, et le restaurant El Duende (p. 124), perché au 34e étage de la Torre Sevilla, dévoile l'un des plus beaux panoramas sur la ville pour le dîner. Quant aux tout-petits, ils seront ravis d'aller faire un tour à l'Isla Mágica (p. 126).

Comment y aller et circuler

Bus Les lignes C1 et C2 desservent l'Isla de la Cartuja.

Plan du quartier p. 122.

Puente de la Barqueta sur le Guadalquivir ROMAN BABAKIN/SHUTTERSTOCK ©

Les incontournables

Monasterio de la Cartuja

Le monastère de Santa María de las Cuevas, plus connu sous le terme de Cartuja ("la Chartreuse"), a donné son nom à l'île. Sur ses terres argileuses se sont établis des moines, des soldats et l'une des premières usines de la ville. En 1982, le monument en ruine fut restauré par la Junta de Andalucía. Après avoir servi de pavillon royal pour l'Expo '92, il héberge plusieurs institutions, dont le Centro Andaluz de Arte Contemporáneo (CAAC).

PLAN P. 122, A4

www.caac.es

Av. Américo Vespucio 2

Entrée monument + expos 3,01 €, monument ou expo 1,80 € ; entrée libre 19h-2[illegible] mar-ven et 11h-21h sam

11h-21h mar-sam, 10h-15h30 dim et fêtes

C1 et C2

s origines du monastère

sieurs architectes sévillans, dont José nón Sierra, Guillermo Vázquez Consuegra Francisco Torres, participèrent à la tauration du monastère, qui dura de 1987 992. Les travaux exhumèrent des fours potier du XIIe siècle et la chapelle de la gdalena, dont la construction date de)0, époque à laquelle l'ermitage franciscain ginel du XIIIe siècle devint un monastère. s Chartreux s'y installèrent à la fin du XVe siècle entreprirent l'édification de l'église gothique, i héberge aujourd'hui l'une des principales les d'exposition du CAAC.

ur les traces de Christophe Colomb

navigateur, qui reçut le soutien des Chartreux ur son deuxième voyage aux Amériques, : logé au monastère. Trois ans après sa mort /alladolid en 1506, sa dépouille fut transférée a Cartuja conformément à ses volontés, dans chapelle de Santa Ana, où elle resta jusqu'en 37. Après avoir voyagé à Saint-Domingue et Cuba, les ossements de Colomb rentrèrent Séville en 1898, où ils sont conservés dans cathédrale ; selon certains chercheurs, une rtie se trouverait toujours à Saint-Domingue. on fils Hernando aurait planté le belombra ui s'épanouit encore à la Cartuja.

u monastère à la caserne

appés de plein fouet par les crues continues u fleuve, les moines, au XVIIIe siècle, décidèrent e protéger le monastère par des remparts ont ils placèrent la porte principale dos au uadalquivir. Les travaux, réalisés par Ambrosio e Figueroa, furent assortis de la construction e la Capilla de Afuera ("chapelle du Dehors") estinée aux laïques, dotée d'un autel splendide. lais l'accalmie fut de courte durée, et, en 1810, s troupes de Napoléon investirent le monastère, t s'en servirent comme caserne pendant deux

À savoir

- Arpentez le potager goûtez à la quiétude tant appréciée des Chartreux.
- Le site accueille des événements musicaux, tels que le cycle de concerts Pop CAAC en été, mais aussi des spectacles de danse, des conférences et des performances artistiques. Programme sur le site Internet. Concerts gratuits au café le samedi.
- Entrée libre de 19h à 21h (mar-ven) et le samedi de 11h à 21h.

Une petite faim ?

Dans l'enceinte de l'ensemble monastique, le **Café Cartuja** (954 461 250 ; 8h-16h lun, 8h-21h mar-ven, 11h-21h sam et 11h-15h dim), sert de bons petits-déjeuners (jus d'orange en provenance directe du verger) et des tapas dans un cadre privilégié.

ans. Le désamortissement (mise en vente de terrains improductifs) de Mendizábal mit un terme définitif au destin religieux de la Cartuja en 1836.

L'usine de Pickman

Le Britannique Charles Pickman fit l'acquisition de la Cartuja, déjà en piteux état, en 1839. Il y installa une fabrique de faïence et de porcelaine qui conserva le nom du monastère et fonctionna jusqu'en 1982. De cette époque, le monastère a hérité de cinq fours colossaux en forme de bouteille, et de diverses installations que le CAAC utilise dans le cadre de ses ateliers. Le surplus des azulejos qu'on y fabriquait couvre, à la manière d'un patchwork, l'une des portes intérieures.

La collection

Outre les expositions temporaires qu'il organise, le CAAC possède un collection permanente d'œuvres, du XXe siècle à aujourd'hui. Des artistes andalous y sont représent notamment Equipo 57, Manuel Barbadillo, Carmen Laffón, Luis Gordillo, Guillermo Pérez Villalta, Chema Cobo, Pepe Espaliú, Curro González et Patricio Cabrera. Le fonds du Centre, hérité du Museo de Arte Contemporáneo de Sevilla et gonflé par des acquisitions et des donations, compte quelques talents internationaux, dont Louise Bourgeois, Francis Bacon, Valie Export et Bill Viola.

Azulejos sous l'une des portes de la Cartuja.

ɔître du Monasterio de Santa María de las Cuevas.

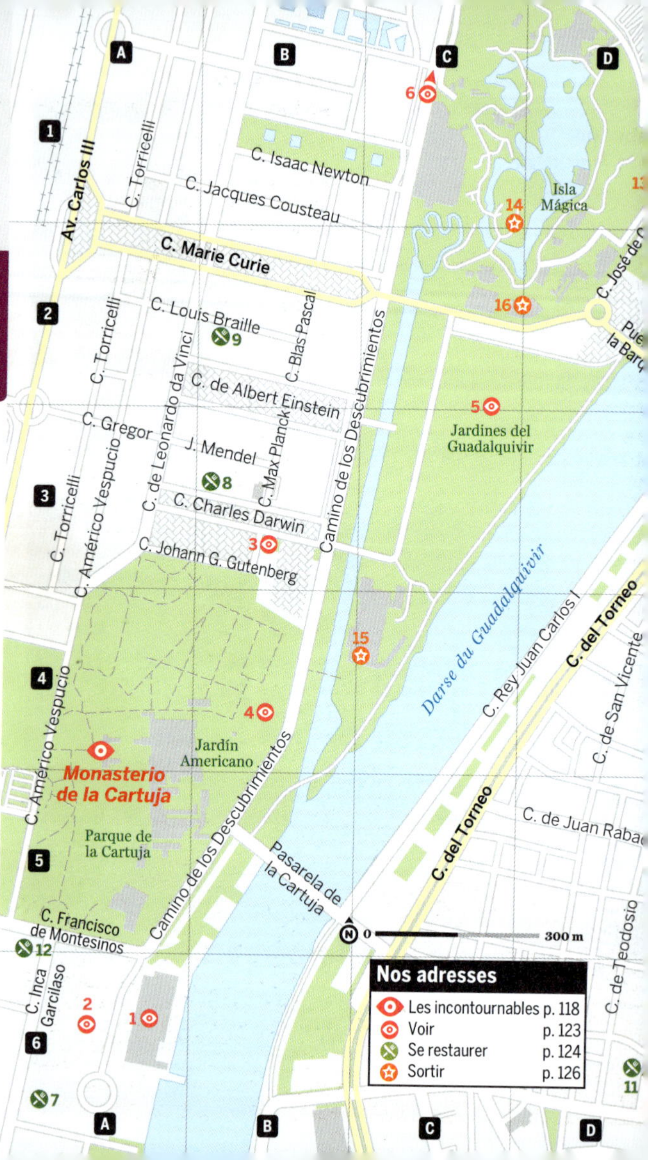
A
B
C
D
1
2
3
4
5
6
Av. Carlos III
C. Torricelli
C. Isaac Newton
C. Jacques Cousteau
C. Marie Curie
C. Louis Braille
C. Blas Pascal
C. de Albert Einstein
C. Gregor J. Mendel
C. Max Planck
C. de Leonardo da Vinci
C. Américo Vespucio
C. Charles Darwin
C. Johann G. Gutenberg
Camino de los Descubrimientos
Isla Mágica
Jardines del Guadalquivir
Darse du Guadalquivir
C. Rey Juan Carlos I
C. del Torneo
C. de San Vicente
C. de Juan Rabad
C. de Teodosio
Jardín Americano
Monasterio de la Cartuja
Parque de la Cartuja
Pasarela de la Cartuja
C. Francisco de Montesinos
C. Inca Garcilaso
0
300 m
Nos adresses
Les incontournables p. 118
Voir p. 123
Se restaurer p. 124
Sortir p. 126

'oir

ıbellón
ː la Navegación HISTOIRE MARITIME

⊙ PLAN P. 122, A6

ː pavillon primé, signé Vázquez ɔnsuegra, héberge l'exposition ːrmanente *Sevilla y la navegación ʟántica* ("Séville et la navigation lantique") et des expositions mporaires. La visite inclut la Torre :hindler, tour de guet de 65 m au ɔmmet de laquelle il est possible ː grimper, et dont l'intérieur ːtrace l'histoire de la ville. (☎954 13 111 ; www.pabellondelanavegacion. ː ; camino de los Descubrimientos 2 ; rif plein/réduit 4/3 € ; ⏲10h-19h30 ar-sam, 10h-15h dim, 11h-20h30 mar- ım, 11h-15h dim mai-oct, 10h30-15h30 ıar-dim juil-août ; 🚌5, C1 et C2)

CaixaForum Sevilla CENTRE D'EXPOSITION

2 ⊙ PLAN P. 122, A6

Sur un ancien parking de la Torre Sevilla, l'arche d'aluminium vous invite à pénétrer dans les nouveaux locaux du CaixaForum de Séville. Le projet, inauguré en 2017, a été conçu par l'architecte sévillan Guillermo Vázquez Consuegra et a obtenu plusieurs prix d'architecture. Dans ses vastes salles lumineuses, le centre culturel propose des expositions, des représentations théâtrales, des ateliers, des concerts et des visites du bâtiment, entre autres. (☎955 657 611 ; www.caixaforum.es/es/sevilla ; calle López Pintado s/n. Torre Sevilla ; tarif plein/-16 ans 6 €/gratuit ; ⏲10h-20h lun-dim ; 🚌C1, C2, 5 et 6)

ıtrée du CaixaForum.

Fundación Tres Culturas

FONDATION

3 PLAN P. 122, B3

Le pavillon du Maroc de l'Expo '92, un bel exemple d'architecture traditionnelle marocaine, abrite la Fondation des trois cultures de la Méditerranée qui œuvre en faveur d'une entente entre musulmans, juifs et chrétiens. Des concerts, expositions, débats et projections de films y sont organisés, ainsi que des visites guidées, sur rendez-vous du pavillon en français, en espagnol et en anglais. (954 088 030 ; www.tresculturas.org ; calle Max Planck 2 ; entrée libre ; 9h-20h lun-jeu, 9h-14h ven, fermé 1er-16 août ; C1 et C2)

Jardín Americano

JARDIN

4 PLAN P. 122, B4

Le Jardin américain abrite sur 2 ha quelque 350 espèces d'arbres et de plantes américaines réparties en plusieurs secteurs, dont douze très spéciales telles que le cèdre missionnaire ou le pacanier. Inauguré en 1991, il a rouvert en 2012 avec une nouveauté : une passerelle flottant sur le fleuve, qui longe les berges et offre une autre perspective sur l'ensemble. (Camino de los Descubrimientos, ancien Pabellón de la Naturaleza ; entrée libre ; 8h-20h tlj ; C1 et C2)

Jardines del Guadalquivir

JARDINS

5 PLAN P. 122, C2

Dans ces jardins cohabitent sur près de 8 ha une nature à l'état sauvage ou presque, des espaces verts aménagés et un ensemble d'œuvres d'art contemporain réalisées spécialement pour cette zone verte, la plus vaste de l'Expo '92. Après 19 ans d'abandon les jardins ont rouvert leurs portes en 2011. (Calle Matemático Rey Pastor y Castro ; entrée libre ; 8h-20h lun-dim ; C1 et C2)

Parque del Alamillo

PARC

6 PLAN P. 122, C1

Le grand parc urbain de Séville est une zone de loisirs prisée par les familles. Créé en 1992, agrandi à partir de 2013, il totalise aujourd'hui 120 ha de terrain partiellement recouvert d'une forêt méditerranéenne entourant deux lacs, avec une ancienne ferme dans laquelle de nombreuses activités culturelles sont organisées l'été et une vaste orangeraie. (955 516 141 ; www.parquedelalamillo.org ; cortijo del Alamillo ; entrée libre ; 7h-20h/2h tlj, fermeture selon saison ; C1 et C2)

Se restaurer

El Duende

MÉDITERRANÉEN €€€

7 PLAN P. 122, A6

Haute de 180 m, la Torre Sevilla (2016), imaginée par César Pelli, est l'édifice le plus élevé d'Andalousie. Perché au 34e étage, le restaurant El Duende offre un panorama étourdissant sur la ville, les quais et le fleuve. La carte, basée sur des plats traditionnels, est restreinte, mais tout aussi attirante

L'Exposition universelle de 1992

Jamais Séville n'avait autant changé en si peu de temps. En 1982, il fut décidé que la capitale andalouse accueillerait l'exposition universelle commémorant les 500 ans de la découverte des Amériques, sur le thème "L'ère des découvertes". Les travaux visant à faire de l'île de la Cartuja le siège de l'événement débutèrent en 1987, de même que la construction des grands équipements qui sortirent Séville de la torpeur dans laquelle elle se trouvait plongée depuis la guerre civile (1936-1939), qui avait brisé net les rêves de modernité de la précédente exposition de 1929. Au nombre de ces chamboulements, citons le transfert de la gare ferroviaire (Estación de Santa Justa) : il permit le démantèlement des voies longeant le fleuve et la destruction du mur qui se dressait entre la ville et le Guadalquivir ; la construction de nouvelles routes ; l'ajout d'un terminal à l'aéroport ; la mise en route de la première ligne à grande vitesse (AVE) reliant Séville à Madrid ; l'édification de six nouveaux ponts urbains... Et Séville redevint pour quelque temps le centre du monde, "le port et la porte des Amériques", comme au XVIe siècle.

ue la vue. Le Bar Lobby annexe st accessible uniquement ux clients du restaurant et le l'hôtel Eurostars de la tour. Au 37e étage, celui du mirador, y a plusieurs bars où siroter un verre en profitant d'une vue à 365° sur la ville. (954 466 022 ; restauranteelduendesevilla.com ; calle Gonzalo Jiménez Quesada 2, Torre Sevilla ; plats 24-35 € ; déj et dîner lun-dim ; mirador 37e ét, tarif plein/-12 ans 8/6 € ; 11h-19h lun-dim ; C1, C2, 5 et 6)

Sabina — ANDALOU €€

8 PLAN P. 122, B3

La cadre chaleureux et lumineux – grandes baies vitrées – de ce restaurant invite à s'attabler. L'excellente carte des viandes inclut des plats traditionnels comme la queue de taureau, et sa cave compte plus de 100 références de crus de toute l'Espagne. (954 081 300 ; restaurantesabina.com ; calle Charles Darwin 7 ; plats 13-45 € ; petit-déj et déj lun-ven, déj sam, fermé 2e et 3e sem août ; C1 et C2)

La Abuela Luna — INTERNATIONAL €

9 PLAN P. 122, B2

Au rez-de-chaussée du pavillon du Canada, l'un des plus visités de l'Expo '92, ce restaurant propose un menu sans prétention dans un cadre agréable. Fréquenté par les employés de bureau du quartier. (954 461 390 ; calle Leonardo da Vinci 12 ; plats 10-15,50 €, menu

10,50 € ; 8h-19h lun-ven, 8h-17h30 lun-ven mi-juil à mi-sept ; C1 et C2)

Terraza Barqueta

BAR €

10 PLAN P. 122, D3

C'est bien le Puente de la Barqueta tout proche qui a donné son nom à ce bar, qui jouit d'un emplacement et d'une terrasse magnifiques sur les rives du fleuve. Lors des chaudes nuits d'été, c'est l'endroit idéal pour manger un morceau à l'air frais, tandis qu'en hiver, on aime venir y profiter des rayons du soleil, un verre à la main. (955 425 292 ; calle Rey Juan Carlos I ; tapas 4,95-8,95 € ; déj et dîner lun-dim mai, juin et sept, dîner juil et août, déj et boissons jusqu'à 22h jeu-dim oct-mars ; C1, C2, C3, C4, 3, 6, 13 et 14)

La Mar de Gambas

BAR €

11 PLAN P. 122, D6

À l'extrémité du pont de la Barqueta, côté Centro, ce bar à bière permet de grignoter dans une ambiance complètement locale. Il dispose d'une vaste terrasse où l'on peut goûter des crevettes roses, de la *mojama* (filet de thon en salaison) ou des gambas, toujours accompagnées d'une bière bien tirée. (www.lamardegambas.com ; calle Avicena 1 ; tapas 2,50-3,50 € ; 11h-16h30 et 20h-minuit tlj ; C1, C2, C3, C4, 3, 6, 13 et 14)

Cafetería Expo

BAR €

12 PLAN P. 122, A5

C'est dans le bâtiment de l'Expo '92, créé par Antonio Vázquez de Castro, avec un immense patio surmonté d'une pyramide de verre sans pointe, que se trouve la cafétéria, un espace aussi accueillant que reposant. La carte fait la part belle aux produits de la région de Cadix comme le thon rouge et le veau *retinto*. (672 189 064 ; calle Inca Garcilaso 3, Edificio Expo ; menu du midi 12/16,50 € ; petit-déj et déj lu ven, fermé août, Noël, Semaine sainte et Feria de Abril ; 5, 6, C1 et C2)

Sortir

Teatro Central

SPECTACLE

13 PLAN P. 122, D1

Lors de son inauguration en 1992, ce théâtre faisait figure d'espace scénique le plus à la pointe d'Europe. Bien que d'autres salles l'aient depuis devancé technologiquement, il continue de proposer l'une des programmation les plus audacieuses et reste l'un des piliers de la vie culturelle sévillane. Le théâtre a également un grand bar animé, géré par le groupe Estraperlo et ouvert les jours de représentation. On apprécie la carte 100 % bio. (955 542 155 ; www.teatrocentral.es ; calle José de Gálvez 6 ; entrées 18/25 € ; 20h/21h ; C1 et C2)

Isla Mágica

PARC D'ATTRACTIONS

14 PLAN P. 122, C1

Pirates, navigateurs et Mayas cohabitent dans cette reconstitution de la conquête des Amériques et de la Séville du Siècle d'or. Le parc compte 28 grandes tractions dont El Jaguar, s montagnes russes à véhicule spendu, et El Desafío ("le défi"), ne chute libre de 68 m. Parmi s nouveautés, on trouve l'Isla alavera, un parcours familial uivant les contours d'un volcan. enseignez-vous sur les jours e fermeture. (902 161 716 ; amagica.es ; rotonda Isla Mágica ; rif plein/réduit/4 ans 35/22 €/gratuit ; 11h-19h/20h avr-nov ; C1 et C2)

uditorio ocío Jurado

MUSIQUE

PLAN P. 122, C4

réé sur mesure pour les grands pectacles de l'Expo '92, cet nmense auditorium en plein ir peut accueillir jusqu'à 8 000 ersonnes et dispose d'une cène de 3 000 m². Il héberge des oncerts pop, rock, flamenco ou de out autre genre musical capable l'attirer les foules. De novembre avril, les spectacles ont lieu sous in chapiteau de dimensions plus éduites. (902 702 261 ; www.uditoriorociojurado.com ; camino le los Descubrimientos 6 ; 15/90 € ; selon spectacles, déc-mars, fermé uil-août ; C1 et C2)

La Catedral del Flamenco

TABLAO,-RESTAURANT

16 PLAN P. 122, C2

Le *tablao* El Palacio Andaluz existe depuis près de 30 ans. Fin 2019, l'équipe a changé de local pour poser ses valises dans l'ancien pavillon Cruzcampo de l'Expo '92, un lieu aujourd'hui entièrement dédié au flamenco et doté de son propre musée. À l'intérieur, un espace est consacré à la Feria de Abril. Les *bailaores* Emilio Ramírez El Duende et María Damaro dirigent ici une troupe de 22 artistes qui proposent deux représentations chaque jour. Pendant le spectacle, le public peut se restaurer. (954 534 720 ; www.elflamencoensevilla.com ; calle Matemáticos Rey Pastor y Castro 4 ; entrée avec conso/tapas/dîner à la carte, 44/79/87 €, 7-12 ans/-6 ans réduction 50 %/gratuit ; 19h et 21h lun-dim ; C1 et C2)

Isla Mágica.

ANIBAL TREJO/SHUTTERSTOCK ©

Carnet pratique

Danseuses de *sevillanas* sur la Plaza de España. LEONOV.O/SHUTTERSTOCK ©

Avant de partir

Hébergement

Sites Internet

Splendia (splendia.com). Idéal pour repérer certains des hôtels les plus luxueux de la ville.

Explore Seville (exploreseville.com). Hébergements en centre-ville.

Hotelopia (hotelopia.es). Autre site aux offres intéressantes.

Airbnb (airbnb.es). Appartements en centre-ville.

Petits budgets

Hotel Madrid (hotelmadridsevilla.es). À proximité du Museo de Bellas Artes et des arènes.

Hostel TOC (tochostels.com/sevilla). Adresse centrale et design. Dortoirs 8 personnes et chambres familiales avec vue.

Hostal Hom Museo (hommuseo.com). Une élégante demeure du XIXe siècle à deux pas du Museo de Bellas Artes.

Hotel Simón (hotelsimonsevilla.com). Adresse centrale ; bon rapport qualité/prix.

Oasis Backpackers (oasissevilla.com). Auberge centrale ; dortoirs et terrasse.

Urban Sevilla (urbansevilla.es). Auberge centrale. Chambres avec salle de bains commune.

Catégorie moyenne

Hotel Triana Montalván (hotelmontalvantriana.com). Ancienne usine reconvertie en un hôtel plein de surprises.

Hotel Amadeus (hotelamadeussevilla.com). Demeure du XVIIIe siècle meublée avec soin, sur fond de musique classique.

Hotel Doña María (hdmaria.com). Classique sévillan aux chambres élégantes ; vue splendide depuis le toit terrasse.

Hotel Inglaterra (hotelinglaterra.es). Hôtel de caractère dont la terrasse offre,

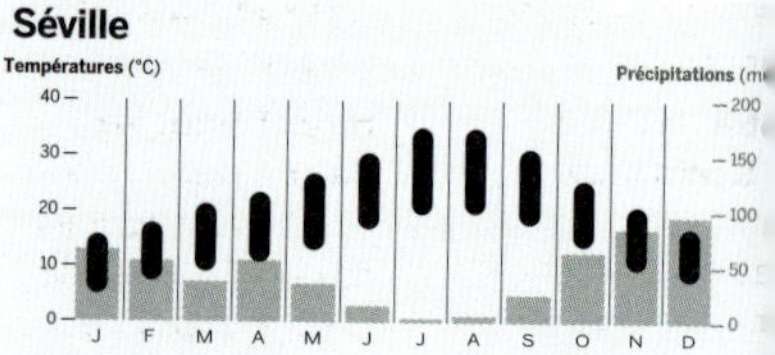

Quand partir

◦ Hiver (déc-fév) Décembre est le mois le plus pluvieux et janvier le plus froid, mais les températures restent en moyenne à 10°C, et il y a des journées ensoleillées.

◦ Printemps (mars-mai) Meilleure période, même si la ville est bondée durant la Semana Santa et la Feria de Abril.

◦ Été (juin-août) Les températures dépassent les 30°C, et même les 40°C en juillet. Ceux qui le peuvent quittent la ville en juillet-août.

◦ Automne (sept-nov) Septembre est l'un des meilleurs mois pour visiter Séville. En octobre et novembre il peut pleuvoir, mais les températures sont agréables.

e aussi, un superbe
int de vue.

tel Un Patio Santa Cruz (tiosantacruz.com). ablissement misant r la simplicité et le nfort, aux chambres nineuses.

otel Vincci La Rábida (nccihoteles.com). uperbe patio à lonnades, et bon staurant sur le toit.

atégorie upérieure

alacio Villapanés evilla (palaciovillapanes. m). Palais cossu et esign.

otel Alfonso XIII otel-alfonsoxiii-sevilla. m). Hôtel de 1929, and classique u luxe sévillan.

orral del Rey orraldelrey.com). harmant palais u XVIIe siècle arfaitement restauré.

otel Kivir notelkivir.com). Face au uente de Triana, hôtel ontemporain baigné e lumière et toit-errasse ouvert à tous.

otel EME Catedral emecatedralhotel. om). Édifice mudéjar remis au goût du jour, avec bar sur le toit.

Hotel Fontecruz Seises (fontecruzhoteles.com). Le luxe au cœur du quartier de Santa Cruz, avec piscine.

Appartements courts séjours

Espacio Eslava (espacioeslava.com). Trois appartements de luxe et un penthouse en plein centre, tous avec terrasse.

Sevilla5.com (sevilla5.com/apartments/apartamentos-sevilla.html). Pour trouver l'appartement qui vous convient.

Friendly Rentals (friendlyrentals.com/fr). Spécialisé dans les options de luxe ; offres par quartier.

Rent by Owner (rentbyowner.com). Moteur de recherche qui recense une bonne partie des appartements à louer à Séville.

Apartamentos Suites Santa Cruz (barriosantacruz.com/apartamentos). Agence spécialisée dans ce joli quartier touristique.

Arriver à Séville

Aéroport de Séville

Autobús Especial Aeropuerto (EA) (☎ 955 010 010 ; aller/AR 4/6 € ; ⏲ 4h30-1h). Depuis l'aéroport, un départ toutes les 25-30 minutes pour la plaza de Armas (30 min), via la gare ferroviaire de Santa Justa, San Bernardo et le paseo Colón. Billets en vente à bord. Aller-retour valable uniquement le jour de l'achat.

Depuis la France

Iberia (iberia.com/fr) propose des vols directs quotidiens depuis Paris (AR à partir de 120 €, durée 2 heures 35). **Transavia** (transavia.com) assure des vols directs depuis Paris (AR à partir de 70 €), Nantes (avr-oct, à partir de 70 €) et Lyon (avr-oct, à partir de 73 €). **Vueling** (vueling.com/fr) propose des vols depuis Paris et Lyon (AR à partir de 65 €).

Ryanair (ryanair.com/fr) vole depuis Paris-Beauvais (AR à partir de 58 €), Bordeaux (avr-oct, AR à partir de 75 €) et Marseille-Provence (AR à partir de 50 €).

Depuis la Belgique

Avec **Brussels Airlines** (brusselsairlines.com/fr-be/) et **Iberia** (iberia.com/be), il vous faudra faire escale à Madrid (à partir de 120 €). Du côté des low cost, **Ryanair** (ryanair.com/be/fr/) assure chaque jour des vols directs de Bruxelles-Charleroi (à partir de 70 €), et **Vueling** (vueling.com) fait la liaison quotidienne depuis Bruxelles via Barcelone (à partir de 130 €).

Depuis la Suisse

Iberia (iberia.com/ch) propose des liaisons quotidiennes depuis Genève, Bâle et Zurich via Madrid (AR à partir de 160 FS) et **Vueling** (vueling.com) des mêmes villes, mais via Barcelone (à partir de 145 FS). **Easyjet** (easyjet.com/fr) assure des vols directs de Genève (2 ou 3/sem, à partir de 56 FS).

Depuis le Canada

Il n'existe pas de vols directs entre le Canada et Séville au moment où nous rédigeons ce guide, mais un grand nombre de vols avec escale à Madrid ou une autre ville européenne. Voyez auprès d'**Air Canada** (aircanada.com), **Air Transat** (airtransat.com) et **Travel Cuts** (travelcuts.com).

Comment Circuler

Bus

- Les **bus de TUSSAM** (✆ 955 010 010 ; tussam.es) circulent de 5h à 2h ; horaires variables selon les lignes.
- Dix **bus nocturnes** (A1, A2, A3, A4, A5, A6, A7, A8, N16 et N29) prennent le relais de minuit à 2h, et les vendredis, samedis et veilles de fêtes jusqu'à 6h. Toutes les lignes partent du Prado de San Sebastián ; 1 bus par heure. Le prix du billet simple – en vente à bord – est le même qu'en journée (1,40 €).

Metro Centro

C'est en fait un **tramway** (✆ 955 010 010 ; tussam.es) à une seule ligne, la **T1**, qui parcourt la principale artère piétonne de la ville, l'Avenida de la Constitución. Une option très pratique pour les personnes ayant des difficultés à se déplacer dans ce quartier interdit à la circulation. Circule de 6h à 23h30 du lundi au vendredi, de 6h à 1h44 le samedi et de 7h à 23h38 le dimanche. Les billets (les mêmes que pour le bus) s'achètent à bord ou aux machines disponibles en station

Métro

- Le **Metro de Sevilla** (✆ 900 927 172 ; metro-sevilla.es) n'a qu'une seule ligne, la **ligne 1**, de Ciudad Expo à Olivar de Quintos. Elle totalise 22 stations, la plupart e dehors du centre-ville.
- Forfait journalier 4,50 € ; billet simple entre 1,35 et 1,80 €.
- Le métro circule de 6h30 à 23h du lundi au jeudi, de 6h30 à 2h les vendredis et veilles de fêtes,

Billets et forfaits

Pour le bus et le Metro Centro, il existe une carte multivoyage rechargeable (à partir de 7 €) plus économique que d'acheter ses billets à l'unité (1,40 €). Il existe des forfaits touristiques illimités de 1/3 jours (5/10 €).

Les cartes sont en vente aux guichets d'information de la Tussam, à l'aéroport, à la gare de Santa Justa et dans certains hôtels. Le métro de Séville propose un forfait journalier (4,50 €) et le Bono Plus 45 à 30/42/50 € selon les zones, qui donne droit à une réduction sur le coût de chaque voyage.

7h30 à 2h le samedi de 7h30 à 23h les nanches et fêtes.

élo

La ville dispose un bon réseau pistes cyclables ns tout le centre propose un service location fort de 500 vélos répartis ns 259 stations, stantes de 300 m maximum les unes s autres.

Sevici (900 900 722 ; ww.sevici.es ; location avec 3 aux bornes interactives s stations ; forfait 7 jours ,33 €, forfait longue rée 33,33 €). 150 € ont bloqués sur la arte bancaire à titre e caution pendant durée de la location.

- Autres agences de location : **Rentabike** (rentabikesevilla.com), **Bici-4-City** (bici4city.com) et **Naturanda** (naturanda.com).

Moto et Segway

- Des enseignes comme **Muving** (muving.com), **Tour Way** (entourway.com), **Aladinia** (aladinia.com) et **Acciona** (acciona-motosharing.com) louent des motos, motos électriques et Segway.

Taxi

- Les taxis pratiquent des tarifs abordables, et le taximètre est toujours visible ; comptez environ 9 € la course entre la plaza Nueva et le Parque de María Luisa.
- Vous pouvez commander votre taxi par **téléphone** (954 580 000, 954 571 111, 954 622 222, 658 904 289) ou le héler dans la rue.

Infos pratiques

Argent

- **Cartes bancaires** Acceptées dans la grande majorité des hôtels, boutiques et restaurants. On peut vous réclamer votre passeport ou un autre document d'identité avec photo.
- **DAB** (*cajeros automáticos*). On en trouve partout. Une commission peut s'appliquer aux retraits avec une carte étrangère.
- **Change** Les banques offrent généralement le meilleur taux ; emportez votre passeport.

Prix des repas

Plat principal :

€ jusqu'à 20 €

€€ 20-30 €

€€€ 30 € et plus

Cartes de réduction

- La Tarjeta Turística Cultural de Andalucía, qui donnera droit à des réductions, est en projet.
- **Billet unique** Le billet d'entrée à l'Alcázar (p. 46) inclut l'entrée à d'autres sites gérés par la ville (Antiquarium, collection Bellver, Castillo de San Jorge et Centro Cerámica Triana), valable uniquement le même jour. Il vous suffit de présenter le billet de l'Alcázar à l'entrée de ces sites.
- **Carte d'étudiant** Tarif réduit ou entrée libre sur certains sites.

Électricité

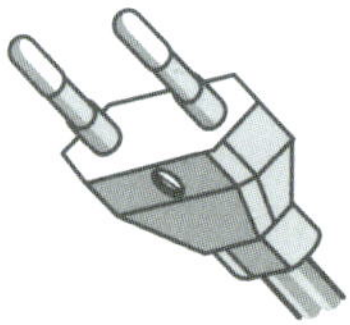

Type C
220 V/50 Hz

Désagréments et dangers

- Les petits délits et le vol sont des désagréments communs à toutes les villes ; faites preuve de vigilance, notamment dans les lieux où la foule est dense ou lors des processions de la Semaine sainte.

Formalités et visas

- Ressortissants ou résidents de l'UE et de l'espace Schengen : visa non requis.
- Ressortissants ou résidents du Canada : pas besoin de visa pour un séjour de tourisme de moins de 90 jours.

Handicapés

Predif (Plataforma Representativa Estatal de Personas con Discapacidad Física ; predif.org). Les bus et les voitures du Metro Centro sont adaptés à 99% aux personnes à mobilité réduite.

Teletaxi (✆ 954 622 222) et **Eurotaxi** (eurotaxisevilla.com ; ✆ 658 904 289) sont des services adaptés aux personnes à mobilité réduite.

Heures d'ouverture

Banques 9h-14h lun-ven ; et parfois aussi 16h-19h jeu

Bureaux de poste du centre 8h30-20h30 lun-ven, 9h30-13h sam. Bureau central : 32 Av de la Constitución

Restaurants déj 13h-16h, dîner 20h30-minuit

Magasins 10h-14h et 16h30-19h30 ou 17h-20h ou 21h

Jours fériés

Año Nuevo (jour de l'An) 1er janvier

Reyes Magos (Épiphanie) 6 janvier

Día de Andalucía (fête de l'Andalousie) 8 février

Jueves Santo (Jeudi saint) fin mars/avril

Viernes Santo (Vendredi saint) fin mars/avril

Miércoles de Feria avril/mai

Día del Trabajo (fête du Travail) 1er mai

Corpus Christi (Fête-Dieu) fin mai/juin (9e jeudi après Pâques)

Asunción
ssomption) 15 août

a de la Hispanidad
te nationale)
octobre

a de Todos los
ntos (Toussaint)
novembre

a de la Constitución
décembre

Inmaculada
ncepción
nmaculée Conception)
décembre

avidad (Noël)
décembre

ffices
u tourime

ffice du tourisme
Séville
yuntamiento :
sitasevilla.es, Diputación :
rismosevilla.org).
es principaux :

Prodetur (☎ 954 210 005 ; plaza Triunfo 1 ; 9h-19h30 lun-ven, 9h30-19h30 sam, dim et fêtes ; T1, C5, M Puerta de Jerez)

Centro de Atención Integral al Visitante (centre des visiteurs)
(☎ 955 471 232 ; paseo Alcalde Marqués de Contadero s/n ; 9h-19h30 lun-ven, 10h-14h sam, dim et jours fériés ; T1, C3, C4, C5, 3, 6, 40 et 41, M Puerta de Jerez)

Téléphone

Téléphone portable

- Il n'y a pas de frais d'itinérance pour les voyageurs européens. Les autres voyageurs doivent se renseigner sur les frais d'itinérance et s'assurer que leur portable est débloqué pour l'Espagne. Pour les ressortissants des pays hors UE, vous pouvez utiliser votre téléphone en activant le roaming ou acquérir un téléphone et une carte SIM locaux.

Appels internationaux

- Pour appeler l'Espagne depuis l'étranger, composez le code d'accès international (☎ 00), suivi du code de l'Espagne (☎ 34) et du numéro local complet (y compris le code à 2 chiffres du début).
- Pour appeler l'étranger depuis l'Espagne, faites le ☎ 00, puis composez le code du pays (☎ 33 pour la France, ☎ 32 pour la Belgique, ☎ 41 pour la Suisse et ☎ 1 pour le Canada), le code régional et le numéro désiré.

Urgences

Ambulances et **UVI** (véhicules d'urgences médicalisés) ☎ 061

Numéro d'urgence (urgences sanitaires et protection civile) ☎ 112

Police municipale ☎ 092

Pompiers ☎ 112

Un fil d'ARIANE en voyage

Vous êtes ressortissant français ? Pensez à vous enregistrer sur le **portail Ariane** (pastel.diplomatie.gouv.fr/fildariane) du ministère des Affaires étrangères. Ce service gratuit vous permet de recevoir des alertes si la situation le justifie. Crise politique, catastrophe naturelle, attentat... recevez en temps réel des consignes de sécurité lors de votre voyage.

Il existe une application pour les Smartphones et les tablettes, intitulée *Conseils aux voyageurs*.

Langue

L'espagnol (*español*), également appelé *castellano* (castillan) pour le distinguer des autres langues parlées en Espagne – est la langue de Séville. Il n'est pas très difficile à prononcer. Quelques précisions : la lettre j (jota), qui se prononce comme un "r" très dur et guttural, est notée kh ; le r est fortement roulé ; le c et le z sont prononcés en glissant la pointe de la langue entre les dents, et sont notés th. Les syllabes accentuées sont en italique. Les signes "m/f" indiquent si les noms sont masculins ou féminins.

Des guides de conversation sont disponibles sur **lonelyplanet.fr**.

Bases

Bonjour.
Hola. o·la

Au revoir.
Adiós. a·*dioss*

Oui./Non.
Sí./No. si/no

S'il vous/(te) plaît.
Por favor. por fa·*vor*

Merci.
Gracias. *gra*·thias

Excusez-moi.
Perdón. per·*donn*

Comment ça va ?
¿Qué tal? ké tal

Bien, merci.
Bien, gracias. biènn *gra*·thiass

Parlez-vous français ?
¿Habla francés? a·bla fran·*sès*

Je (ne) comprends (pas).
Yo (no) entiendo. yo (no) ènn·*tienn*·do

Comment vous appelez-vous/ t'appelles-tu ?
¿Cómo se llama usted? *ko*·mo se *ya*·ma *ou*·sté
¿Cómo te llamas? *ko*·mo té *lya*·mass

Je m'appelle ...
Me llamo ... mé *ya*·mo ...

Au restaurant

Que conseillez-vous ?
¿Qué recomienda? ké ré·ko·*myènn*·da

Qu'y a-t-il dans ce plat ?
¿Que lleva ese plato?
ké *lyé*·va *é*·sé *pla*·to

Santé !
¡Salud! sa·*lou*

C'était délicieux !
¡Estaba buenísimo! èss·*ta*·ba boué·*ni*·si·mo

L'addition, s'il vous plaît.
La cuenta, por favor. la *kouènn*·ta por fa·*vor*

Je voudrais...
Quisiera ... ki·*ssiè*·ra ...

un café	*un café*	oun ka·*fé*
une table pour deux	*una mesa para dos*	*ou*·na *mé*·ssa *pa*·ra doss
du vin	*un vino*	oun *vi*·no

ıx	*dos*	doss
res	*cervezas*	thèr·vé·thass

›ures et nombres

elle heure est-il ?
ιé hora es? ké o·ra èss

›st (dix) heures.
ı (las diez). sonn (las dièth)

ıtin	*mañana*	ma·nia·na
rès-midi	*tarde*	*tar*·dé
ir	*noche*	*no*·tché
›r	*ayer*	a·*yèr*
jourd'hui	*hoy*	oï
›main	*mañana*	ma·*nya*·na
	uno	*ou*·no
	dos	doss
	tres	trèss
	cuatro	*koua*·tro
	cinco	*thinn*·ko
	seis	séïss
	siete	*sié*·té
	ocho	*o*·tcho
	nueve	*noué*·vé
›	*diez*	dièth

›hopping

aimerais acheter ...
uisiera comprar ...
·ssiè·ra kom·*prar* ...

›e peux regarder ?
Puedo verlo? poué·do *vèr*·lo

›ombien ça coûte ?
Cuánto cuesta?
ouann to kouèss·ta

C'est très cher.
Es muy caro. èss mouï *ka*·ro

Transports et orientation

Où se trouve ...?
¿Dónde está ...? donn·dé èss·*ta* ...

Quelle est l'adresse ?
¿Cuál es la dirección? koual èss la di·rèk·*thionn*

Pouvez-vous me l'indiquer (sur la carte) ?
¿Me lo puede indicar (en el mapa)? mé lo *poué*·dé inn·di·*kar* (ènn èl *ma*·pa)

Je voudrais aller à ...
Quisiera ir a ... ki·*sié*·ra ir a ...

À quelle heure arrive/part-il ?
¿A qué hora llega/sale? a ké o·ra *yé*·ga/*sa*·lé

Pouvez-vous me prévenir quand nous arriverons à ...
¿Puede avisarme cuando lleguemos a ...?
poué·dé a·vi·*sar*·mé *kouann*·do yé·*gué*·mos a ...

Je veux descendre ici.
Quiero bajarme aquí. *kié*·ro ba·*khar*·mé a·*ki*

Urgences

Au secours !
¡Socorro! so·*ko*·ro

Appelez la police !
¡Llame a la policía! *ya*·mé a la po·li·*thi*·a

Je suis perdu(e). (m/f)
Estoy perdido/a. èss·toï per·*di*·do/a

En coulisses

Vos réactions ?

Vos commentaires nous sont très précieux pour améliorer nos guides. Notre équipe lit vos lettres avec la plus grande attention et prend en compte vos remarques pour les prochaines mises à jour. Pour nous faire part de vos réactions, prendre connaissance de notre catalogue et vous abonner à notre newsletter, consultez notre site Internet : **www.lonelyplanet.fr**

Nous reprenons parfois des extraits de notre courrier pour les publier dans nos guides ou sites web. Si vous ne souhaitez pas que vos commentaires soient repris ou que votre nom apparaisse, merci de nous le préciser. Notre politique en matière de confidentialité est disponible sur notre site Internet.

Un mot de l'auteur

Un grand merci à tous les amis qui ont rendu Séville chère à mon cœur, et qui en ont fait un lieu sans lequel je ne comprendrais pas la vie. Un grand merci à tous ceux qui ont permis la réalisation de ce guide en me consacrant du temps et en partageant leurs connaissances : Marisa, Soli, Roberto, Carlos, David, Víctor, Guillermo, et un merci tout particulier à Raúl.

Crédit de couverture

Photographie de couverture : La Plaza de España et parque de Maria Luisa © Jon Arnold Images/hemis.fr

À propos de cet ouvrage

Cette 3e édition française est la traduction-adaptation de la 3e édition du guide *Sevilla De cerca* de Lonely Planet, commandé par le bureau geoPlaneta à Barcelone. Il a été écrit et documenté par Margot Molina.

Traduction Chloé Cadamuro

Direction éditoriale Didier Férat

Coordination éditoriale et adaptation française Muriel Chalandre

Responsable prépresse Jean-Noël Doan

Maquette Eduardo Yanes Blanch

Cartographie Cartes adaptées en français par Eduardo Yanes Blanch

Couverture Laure Wilmot et Laurent Briard

Merci à Hugo Gadroy pour sa préparation du manuscrit et à Dolorès Mora pour sa relecture attentive du guide.

ndex

Voir aussi les index :
Se restaurer p. 141
Prendre un verre p. 142
Sortir p. 142
Shopping p. 143

Référence des **sites**
Référence des **cartes**

Référence des **sites**
Référence des **cartes**

Se restaurer

Référence des **sites**
Référence des **cartes**

Shopping

A

C

D

L

M

P

L'auteure

JULIÁN ROJAS ©

Margot Molina

Originaire de Málaga, Margot Molina s'est installée à Séville "pour quelques mois" en 1988, et n'en est jamais repartie. Elle est journaliste et voyageuse ou vice versa, selon les moments. De ses ancêtres romains elle a hérité la maxime qui régit sa vie : *Carpe diem*. Une philosophie qu'adoptent tous ceu qui, comme elle, se laissent séduire par Séville. Journaliste culturelle, elle s'occupe de la rubrique Culture du quotidien *El País* depuis cette même année 1988. Elle a beaucoup voyagé (Europe, Afrique, Moyen-Orient, Asie et Amérique) et a relat ses périples dans le journal pour lequel elle travaille et dans des revues spécialisées.

Séville en quelques jours
3e édition

Traduit et adapté de l'ouvrage *Sevilla De cerca*, 3a edición en español – 2020

92 avenue de France - 75013 Paris

Photographes © comme indiqué 2020

Dépôt légal Février 2021
ISBN 978-2-81619-260-5

Imprimé par CGS sp z.o.o en Pologne
Réimpression 02, décembre 2021

En Voyage Éditions | un département édi8